PAUL BOKOWSKI

Bitte nehmen Sie meine Hand da weg

GOLDMANN

Paul Bokowski

Bitte nehmen Sie meine Hand da weg

GOLDMANN

MIX
Papier | Fördert gute Waldnutzung
FSC® C014496

Penguin Random House Verlagsgruppe FSC® N001967

8. Auflage
Originalausgabe September 2019

in der Penguin Random House Verlagsgruppe GmbH,
Neumarkter Str. 28, 81673 München
produktsicherheit@penguinrandomhouse.de
(Vorstehende Angaben sind zugleich
Pflichtinformationen nach GPSR)

Umschlaggestaltung: UNO Werbeagentur, München
Umschlagmotiv: © Paul Bokowski
KN · Herstellung: kw
Satz: Uhl + Massopust, Aalen
Druck und Bindung: GGP Media GmbH, Pößneck
Printed in Germany
ISBN: 978-3-442-48895-7

www.goldmann-verlag.de

Inhalt

Staubi allein zu Haus

Dezember

Zum ersten Mal seit drei Jahren verbringe ich Weihnachten in der analogen Heimat. In der noch analogen Heimat. Denn Mutter hat Vater einen Intensivkurs für die Volkshochschule Bad Kreuznach geschenkt. Der neckische Titel: »Ruhestand 2.0 – eine sehr späte Einführung in das digitale Zeitalter«. Ein erstaunlich treffsicheres Geschenk für einen Mann, der noch immer jedes Mal an den Anfang einer Webseite zurückscrollt, bevor er das Browserfenster wieder zumacht. Das Faltblatt der zweiwöchigen Fortbildung glänzt durch Wortspiele, die zweifelsohne in einem VHS-Kurs für angehende Werbetexter erarbeitet wurden:

»Backen oder Backup? – Was Sie über Googlehupf und EiCloud wissen müssen«

»Tinderüberraschung – Gleitsicht und Weitsicht beim Online-Dating«

»Appstellgleis, nein danke! – 5 Apps gegen Einsamkeit im Alter«

Den abschließenden QR-Code und die Formulierung »Weitere Informationen finden Sie online unter ...«, empfinde ich zwar als höhnisch, beglückwünsche Vater aber zum Anbruch des digitalen Lebensalters. Er scheint wenig begeistert davon zu sein, sich zwei Wochen lang mit alten Menschen und neuen Technologien beschäftigen zu müssen. Was wir in erster Linie daran erkennen, dass er nur noch mürrische Brummgeräusche von sich gibt, die entfernt an ein altes 56K-Modem erinnern.

Auch ich wurde reich beschenkt. Seit wenigen Minuten nenne ich einen chinesischen Staubsaugerroboter mein Eigen. Ich versuche, diese subtile Kritik an meinem Sinn für Sauberkeit nicht allzu persönlich zu nehmen. Immer noch besser als der legendäre Weihnachtskalender mit Raumerfrischerpröbchen, der letztes Jahr in der Single-Wohnung meiner Schwester Hannah eingetrudelt ist. Sie verbringt die Festtage mit Brechdurchfall in einem 2-Sterne-Hotel in Zwickau. Ich beneide sie trotzdem.

In einer feierlichen Zeremonie wurde der elektronische Familienzuwachs auf den Namen Staubi getauft. Der kleine Racker verfügt über Bluetooth, USB, WLAN und eine eigene Android-App. Hätte er eine Spracherkennung, ich würde ihn bitten, mich zu heiraten. Auch Mutter ist begeistert. Sie verstreut großzügig Spekulatiusbrösel im Wohnzimmer, während das brummende Ding – Staubi, nicht Vater – unablässig seine Runden über das Parkett dreht. Vom Eierpunsch beseelt werden anschließend ein Seitenarm der Nordmanntanne und ein halber Meter Lametta gerupft, um Staubi an seine Grenzen zu bringen. Vergebens. Die Stimmung kippt, als Mutter und ich den letzten Rest Eierpunsch mit Gewürzlikör aufgießen und darum wetten, wer von uns beiden mehr Protagonisten aus der Weihnachtskrippe auf dem hin und her gleitenden Staubsauger platzieren kann. Mutter gewinnt mit einer Eselslänge Abstand.

Januar

Nach meinem blumigen Erlebnisbericht hat Hannah den Entschluss gefasst, auch allen zukünftigen Familienfesten fernzubleiben. Vater hingegen hat die Segel gestrichen und seine Frau zum Intensivkurs an die Volkshochschule begleitet. Mutter war augenblicklich Feuer und Flamme, was unser Vater sich damit erklärt, dass der Dozent wie eine exakte Mischung aus Costa Cordalis und dem jungen Stalin aussieht. Ich habe beschlossen, den zahlreichen Fragen, die diese Information aufwirft, fürs Erste nicht auf den Grund zu gehen. Stattdessen beobachte ich mit Besorgnis, wie sich unsere bisher so beharrlich analogen Eltern Stück für Stück in @ltern verwandeln.

Seitdem der VHS-Kurs in seine zweite Woche gegangen ist, brechen täglich neue Hiobsbotschaften über Hannah und mich herein. Gestern Abend eine Facebook-Nachricht meiner Schwester: »Mutter hat jetzt Instagram! Rette sich, wer kann!«

Tatsächlich postet Mutter seit drei Tagen unterbelichtete Fotos ihrer Mahlzeiten. Zu meiner großen Verwunderung hat sie schon jetzt mehr Follower als ich.

Februar
Wenn ich die vierzehn lustigen Tiervideos richtig interpretiere, die in den letzten drei Stunden auf meinem Handy eingetrudelt sind, ist meine Mutter neuerdings bei WhatsApp. Noch wirken ihre digitalen Gehversuche etwas unbeholfen. Dabei ist auch die Autokorrektur ihres Smartphones ganz offensichtlich keine große Hilfe: »Hallo Katz, hier ist deine Nutte. Sag Ball, hast du weinen streuen Straßburger schon ausdrapiert? Uns stehlt immer noch einer von den eiligen Brei Königen. Alles Brite. Mama.«

Ich lasse mir die Gelegenheit nicht nehmen, greife nach meinem Tablet und tippe eine Antwort: »Hallo Futter, schön, dass du mir reibst. Lieder vergehe ich kein Hort. Böhmen Mus an Kater. Von meinem Straßburger geschändet.« Die Antwort lässt nicht lange auf sich warten: »Verramscht du mich?«

»Niemals!«, entgegne ich. »Fuß und Bus! Raul.«

Vater verbringt das Wochenende derweil auf seiner ersten LAN-Party in der hessischen Provinz. 200 fetthäutige Jugendliche in lebensbejahenden Outfits von dunkelgrau bis hellschwarz und irgendwo dazwischen ein Vorruheständler mit Camp-David-Shirt in Kiwi, Schlumpf oder Rosé. Oje.

März

Der künstliche Verschleiß technischer Geräte dürfte jedem ein Begriff sein, der schon mal einen Tintenstrahldrucker sein Eigen nannte. Mein Weihnachtsgeschenk hat den Begriff der geplanten Obsoleszenz, wie es fachmännisch heißt, ein wenig weiter gefasst. In der Nacht auf Sonntag hat Staubi die Steckerleiste neben dem Kühlschrank zu fassen gekriegt und völlig unbemerkt meinen Brotbackautomaten von der Anrichte geholt. Ich fand den Roboter in den frühen Morgenstunden, wie er triumphierend seine Runden um den technischen Kadaver drehte.

April

Meine Krankenkasse heißt jetzt BKKtransparent. Zu meiner großen Überraschung ging der Namenswechsel mit einem Begrüßungsgeschenk einher: einer elektronischen Waage eines taiwanesischen No-Name-Herstellers. Die Waage verlangt die Eingabe meines WLAN-Passworts und das Bestätigen der Allgemeinen Geschäftsbedingungen. Dummerweise erscheinen die AGB als Laufschrift auf der vierstelligen Digitalanzeige. Wenn meine Hochrechnung stimmt, weiß ich spätestens Mitte Mai, wie viel ich wiege. Ein Gutes hat die Sache: sechs Wochen mehr Zeit, um die letzten Weihnachtspfunde loszuwerden.

Mai

Der VHS-Kurs, den unser Senior zu Weihnachten geschenkt bekam, hat mittlerweile seine maximale Wirkung entfaltet. Vater ist seit zwei Wochen Mitglied im Chaos Computer Club. Auch Mutters digitale Fähigkeiten machen Fortschritte. Am frühen Nachmittag eine SMS auf meinem SmartTV: »Hallo Sohn. Hier ist deine Mutter. Mein Hausarzt sagt, deine Blutzuckerwerte sind bedenklich. Schöne Grüße, Mama. Von unserem Kühlschrank gesendet.« Es hat einen halben Nachmittag gedauert, bis ich herausbekommen habe, woher der Hausarzt meiner Mutter von meinen Blutzuckerwerten weiß. Allem Anschein nach kann meine neue Körperwaage nicht nur das Gewicht, sondern über meine Fußsohlen auch Puls, Körpertemperatur und Blutzuckerwerte bestimmen. Zusätzlich werden meine Vitalwerte via Twitter an meine Krankenkasse, meine nächsten Angehörigen und einen chinesischen Hersteller für Blutzuckermessgeräte gesendet.

Juni

Staubi hat im Badezimmer gewütet. Dieses Mal hat er im Vorbeifahren das Ladekabel der elektrischen Zahnbürste eingeheimst, was wiederum den Rasierapparat von Braun aus seiner Ladestation riss und schließlich sogar den Bluetooth-Lautsprecher von Bose aus dem Regal schleuderte. Ich habe die zahlreichen Einzelteile sauber zusammengekehrt unter der Badewanne entdeckt, nachdem aus dem Lautsprecher eine leise wimmernde Version von »Time to say goodbye« zu hören war. Dafür ist König Balthasar wieder aufgetaucht. Allem Anschein nach hat Staubi eine kleine Trophäensammlung hinter dem alten Schreibtisch im Arbeitszimmer angelegt: zwei Kugelschreiber, ein halbes Dutzend Erdnussflips, vier Euro und sieben Cent in Münzen, eine alte Bifi (sicherlich nicht meine), besagter König Balthasar und meine Kreditkarte.

Juli

Wenn man Vaters letztem Tweet Glauben schenken darf, verbringt er die nächsten zwei Wochen auf einer Hacker-Konferenz in internationalen Gewässern. Wir haben längst aufgehört, uns über seine neue Leidenschaft zu wundern. Sei es der bedenklich hohe Club-Mate-Konsum oder spätnächtliche semi-romantische Selfies mit seinem eigenen lebensgroßen Minecraft-Avatar. Mutter war über Vaters kleine Atlantikreise dermaßen erzürnt, dass sie aus reinem Trotz eine Kreuzfahrt durch den Persischen Golf gebucht hat. Sie kann es sich auch leisten. Seitdem eines ihrer YouTube-Videos über Besenreiser und glutenfreien Kartoffelauflauf viral gegangen ist, bietet ihr der chinesische Hersteller für Blutzuckermessgeräte ein doppeltes durchschnittliches Monatsgehalt für eine wohlwollende Instagram-Story. Hannah ist aus einer Bierlaune heraus mitgefahren. Heute Morgen lag ein erfrischend analoger Reisebericht in meinem Briefkasten: *»Bruderherz, schöne Grüße von der* MS *Adipositas. Blutalkohol: 1,4 Promille. Temperatur: 39 Grad im Schatten. Altersschnitt an Bord: 62 Jahre. Mutter muss ständig Autogramme geben. Wegen Besenreisern und Kartoffelauflauf. Muss jetzt Schluss machen, Cocktail kommt. Alles Liebe, Hannah.«*

August

Staubi hat die Mikrowelle kaltgemacht. Ich habe beschlossen, meinem Ärger dadurch Luft zu machen, dass ich bei der etwa zwanzig Ziffern langen Service-Hotline seines Herstellers anrufe. Landesvorwahl China, laut Firmenhomepage aber kostenfrei. Nach etwa fünfzig Minuten in der Warteschleife kann ich die chinesische Version von »We didn't start the fire« fehlerfrei mitsingen. Komischerweise habe ich am Ende der Wartezeit eine Frau mit sächsischem Akzent in der Leitung. Auf Nachfrage aus dem Großraum Chemnitz. Man bedauere den Verlust meiner Kleingeräte und könne mir für eine Zuzahlung von nur 200 Euro ein brandneues Kombigerät aus dem aktuellen Sortiment anbieten. Jetzt steht ein WLAN-fähiger, sprachgesteuerter Induktionsherd mit Backofen, Mikrowellenfunktion und eingebauten Bluetooth-Boxen in meiner Küche. Leider glaubt das Universalgerät seit dem letzten Software-Update, es sei in Wirklichkeit ein Kleiderschrank und bestellt fortwährend Mottenkugeln, Fusselrollen und Nylonstrümpfe. Beim Versuch, das Update über das eingebaute Display wieder rückgängig zu machen, wurde ich von Staubi aufgeschreckt und mittels wild rotierender Bürsten in die Speisekammer getrieben. Zum Glück gab es dort warmes Bier, Brühwürfel und ein offenes WLAN aus dem Seitenflügel.

September

Vater hat angerufen und sich sehr herzlich für den Rasenmähroboter bedankt. Ich kann mich nicht daran erinnern, einen Rasenmähroboter bestellt zu haben. Ebenso scheint es mir entfallen zu sein, dass Vater morgen seinen fünfundsechzigsten Geburtstag zelebriert. Ich beschließe, das Ganze als glückliche Fügung des Schicksals zu betrachten. Dann entdecke ich auf meiner Kreditkartenabrechnung die Abbuchung einer chinesischen Spedition über 1249 Euro. Vielleicht wird es Zeit, mir die Allgemeinen Geschäftsbedingungen meines Staubsaugerroboters doch nochmal genauer anzuschauen. Die zahlreichen Rezensionen bei Amazon jedenfalls legen nahe, dass Staubi seit dem letzten Software-Update eine wirtschaftspolitische Agenda verfolgt. Klingt ein bisschen irre, würde allerdings erklären, warum mein WLAN-Toaster seit zwei Wochen wahlweise Werbung für den China-Imbiss gegenüber oder das Konterfei von Mao Tse-tung in meinen Buttertoast brennt.

Eine Minute nach Mitternacht erreicht mich eine WhatsApp-Nachricht meiner Schwester: »Scheiße! Facebook sagt, Papa hat Geburtstag.«

»Schäm dich, Hannah, schäm dich!«, schreibe ich zurück.

Oktober

Nachdem Staubi meinen Radiowecker vom Balkon gekehrt hat, ist die Kaffeemaschine ganz offiziell das letzte analoge Endgerät in meiner Wohnung. Jedes Mal, wenn ich mich ihr nähere, gibt der Staubsaugerroboter einen panischen Alarmton von sich, als würde ich versuchen, mit einer Hand voll Hackfleisch einen wilden Tiger zu streicheln. Bedauerlicherweise hat er sich über Bluetooth mit der Surround-Sound-Anlage meines Fernsehers verknüpft, so dass der Alarmton neuerdings mit 100 Dezibel durch die Wohnung schallt. Am Nachmittag ist über WhatsApp eine kryptische Nachricht meines Hausarztes eingetrudelt: »Höflich wir bitten mit Nachdruck sich in Gegenwart und Zwischenzeit keine Koffein im Morgengrauen verspeisen nicht! Unverzüglich wohlbefindliche Empfehlung. Wir sind am Herzen Ihre Gesundheit. Nachhaltiges Grüßen. Ihr Doktor des Gebäudes.« Sofort habe ich Staubi in Verdacht.

November
Ich habe den Staubsaugerroboter mit einer Spur Brotkrumen ins Badezimmer gelockt. Erstaunlich, dass dieser Trick noch immer funktioniert. Entweder ist der kleine Racker dümmer als gedacht, oder er ahnt einfach seit Langem, dass ich jedesmal eine kleine Strecke Knäckebrot im Flur verteile, wenn ich in Ruhe onanieren möchte. Dieses Mal ist der Grund allerdings ein anderer: Ich werde die Kaffeemaschine bis auf weiteres auf dem Dachboden verstecken. Sie ist das letzte Haushaltsgerät, das Staubi noch nicht aus- oder gleichgeschaltet hat. Hannah findet meine Entscheidung albern und lässt es sich nicht nehmen, meinen morgendlichen Gang unters Dach durch höhnische Nachfragen wie »*Wie geht es Kanne Frank?*« zu untermalen. Ich bin mir sicher, dass Staubi es auf die selbige abgesehen hat. Immerhin hat gestern Nachmittag ein DHL-Bote ein halbes Dutzend neuer Kleingeräte angeliefert. Alle aus chinesischer Produktion. Alle bestellt von einem gewissen »*S. T. Aubsauger*«.

Dezember
Seitdem Staubi die Kontrolle über die digitalen Heizkörperthermostate übernommen hat, verbringe ich die letzten Tage des Jahres im Haus meiner Eltern. Mutter hat auf Tinder einen alten Bekannten entdeckt. Den Dozenten aus der Volkshochschule Bad Kreuznach. Jetzt stehen

die beiden in der Küche und drehen ein YouTube-Tutorial für vollvegane Weihnachtsgans mit Süßkartoffelklößen und Rotkohl-Karamell-Sorbet. Wer kann ihr diese Liebelei verübeln. Immerhin hat Vater die letzten Monate in einem Kibbuz der Digitalen Volksfront Judäa verbracht. Mittlerweile hat er sich von jeder Form des technologischen Fortschritts abgewandt und wohnt seit seiner Rückkehr in der Gartenlaube hinterm Haus. Ohne Strom, Heizung oder fließend Wasser – bekleidet nur mit einem Lendenschurz aus Teichplane und einer formschönen Kopfbedeckung aus Aluminiumfolie. Manchmal legt er uns mit Kastanien und Stöcken kleine Botschaften auf die Terrasse. Letzte Woche hat Vater den Rasenmähroboter überwältigt und im Morgengrauen rituell gepfählt. Nur mit Mühe konnten wir die Nachbarn davon abhalten, den psychiatrischen Notdienst zu rufen. Ich habe den verstümmelten Kadaver mit einer Lichterkette vorweihnachtlich kaschiert. Außerdem versuche ich Hannah über die hiesigen Geschehnisse auf dem Laufenden zu halten. Sie schlägt vor, unserem Vater einen VHS-Kurs zu Weihnachten zu schenken – für einen Paläo-Kochkurs oder eine Urschreitherapie. Mutter ist total begeistert.

Hin und wieder muss ich an Staubi denken. Irgendwie vermisse ich den Kleinen. Er hat uns gestern Abend via Amazon eine neue Weihnachtskrippe zukommen lassen. Die Heilige Familie hat asiatische Gesichtszüge und das Jesus-Kind einen eingebauten WLAN-Stick. Am Abend eine Stöckchenbotschaft auf der frisch eingeschneiten

Veranda. »Was wünscht ihr euch zu Weihnachten?«, fragte der Homo analogis aus der Gartenlaube. »Egal«, haben wir geantwortet. »Hauptsache aus Holz.«

Fahrstuhl für zwei

Stimme	Gohrmann Facility Management?
Ich	Ja, hallo. Der Aufzug ist stecken geblie...
Stimme	Leider rufen Sie außerhalb unserer Geschäftszeiten an.
Ich	Na super!
Stimme	Unsere Geschäftszeiten sind Montag bis Dienstag von neunzehn bis einundzwanzig Uhr.
Ich	Hä?
Stimme	Wenn Sie mit unserem Notdienst verbunden werden möchten, drücken Sie bitte die Taste für Etage eins.
Ich	Nicht im Ernst!
Stimme	Wenn Ihr Aufzug hygienische Mängel aufweist, drücken Sie bitte die Taste für Etage zwei.
Ich	Okay okay, eins!
Stimme	Wenn Sie eine Beschwerde hinterlassen möchten, drücken Sie bitte die Taste für Etage drei.
Ich	Jaja, EINS!
Stimme	Dieses Gespräch wird zu Trainingszwecken aufgezeichnet.
Ich	Och, echt jetzt?

Stimme Wenn Sie nicht möchten, dass dieses Gespräch aufgezeichnet wird, drücken Sie bitte die Taste für Etage vier.

Ich Och Mensch, ich hab wirklich nicht den ganzen Tag Zeit!

Stimme Wenn Sie nicht möchten, dass dieses Gespräch aufgezeichnet wird, Ihr Gebäude aber weniger als vier Stockwerke umfasst, dann drücken Sie bitte *zwei* Mal die Taste für Etage zwei.

Ich EINS! EINS! EINS! EINS!

Stimme Kleener Scherz. Wat kann ick für Sie tun?

Ich Äh, sehr witzig!

Stimme Ja, danke. Mach ick immer so.

Ich Ganz toll! Und wie kommt das an?

Stimme Ja, solala. Aber jetzt schieß'n Se ma' los. Sie ham ja nich' den janzen Tach Zeit. Wo is'n dit Problem?

Ich Der Aufzug ist stecken geblieben.

Stimme Na dit hatten wir ja schon jeklärt.

Ich Was wollen Sie denn wissen?

Stimme Von woll'n kann keene Rede sein.

Ich Was müssen Sie denn wissen?

Stimme Nich' viel. Die Lottozahlen von Samstach wär'n janz jut. Oder wo dit blöde Bernsteinzimmer abjeblieben is'. Aber darum jeht's ja hia wohl nich'.

Ich Richtig.

Stimme Na denn weiter im Text: Ham Se denn ein Stockwerk ausjewählt?

Ich	Hör'n Sie mal, ich bin doch nicht bescheuert!
Stimme	Se täten sich janz schön wundern, wie viele Leute bei mir durchklingeln, nur weil die verjessen ham, ein Stockwerk auszuwählen!
Ich	Echt?
Stimme	Aber hallo!
Ich	Na dann schießen Sie mal los!
Stimme	Wat?
Ich	Wie viele?
Stimme	Ach, keener. Dit war nur so jesacht.
Ich	Also nicht, dass Sie das jetzt persönlich nehmen, aber sind Sie eigentlich der Einzige bei Ihnen im Büro?
Stimme	Bitte?
Ich	Ich meine, ich könnte die Angelegenheit auch völlig umstandslos mit einem anderen Mitarbeiter klären, wenn Sie mal eben eine rauchen wollen oder flott für kleine Tiger.
Stimme	*Dit* soll ich nich' persönlich nehmen?
Ich	Ja, bitte.
Stimme	Zu spät, Meister, zu spät.
Ich	Finden Sie nicht, dass unsere Unterhaltung etwas diametral verläuft?
Stimme	Nee! *Ick* find, dit hat janz prächtig anjefang'n mit uns. So lang, bis Se mir hinterrücks ins Kreuz jefallen sind.
Ich	Bitte?
Stimme	Diametral! Und nur damit Se's wissen: Ick hab seit sieben Jahren 'n Headset. Wenn ick für

kleene Tiger muss, dann komm' Se einfach mit!

Ich Aha.

Stimme Ick könnt' Se sogar mitnehm', wenn ick für große Tiger muss. Dit ha' ick längst perfektioniert. Dit merkt keen Mensch.

Ich Das bringt mich zurück zu meiner Ausgangsfrage.

Stimme Die da wäre?

Ich Ob Sie alleine im Büro sind.

Stimme Wat passt dem Herrn Jeheimrat denn bitte nich' an mir?

Ich Was?

Stimme Na los, Kollege, raus mit der Sprache! Oder soll ick den fein' Herrn Professor erst mit unsrer Evaluationsabteilung verbinden?

Ich Jetzt werden Sie doch bitte nicht so höhnisch.

Stimme *(Piepsig.)* Hallo. Hier ist die Evaluationsabteilung.

Ich Ach bitte, das sind doch Sie!

Stimme Klar bin ick dit! Also, Meister, Ansage, was stört Se so an mir?

Ich Nix, nix!

Stimme Isset wegen meener Hautfarbe oder was?

Ich Was? Woher soll ich denn wissen, was für eine Hautfarbe Sie haben?

Stimme Na dit hört man doch! *(Stille.)* Hallo? Was machen Sie denn da?

Ich Ich drücke die Drei.

Stimme	Warum?
Ich	Ich möchte eine Beschwerde aufgeben.
Stimme	Haha, sehr witzig!
Ich	Danke.
Stimme	Denken Se ma' lieber an Ihr Karma. Is' ja keen Wunder, dass Se ständig in so 'ne Uffzüge stecken bleiben.
Ich	Ich wäre Ihnen einfach dankbar, wenn Sie mich hier langsam rausholen könnten.
Stimme	Pfff! Mit meinem Vorjesetzten sprechen! Geht's noch?
Ich	Ich wollte überhaupt nicht mit Ihrem Vorgesetzten sprechen. Ich habe höflich darum gebeten, mit einem anderen Mitarbeiter verbunden zu werden.
Stimme	Hör'n Se ma zu, meen Bester. Ick bin selbstständig. Ick hab gar keene Mitarbeiter. Aber wenn ick euer Ehren dermaßen zuwider bin, kann ick jern 'ne Stelle für'n unbezahltes Praktikum ausschreiben.
Ich	Okay, hören Sie zu: Tut mir leid, dass ich so ungehobelt war.
Stimme	Is ja jut. Ick hab ja och so Tage.
Ich	Wie lang müssen Sie denn noch?
Stimme	Bis fünfundsechzig.
Ich	Nee, heute.
Stimme	Ick muss den ganzen Tach.
Ich	Na seh'n Sie, da sind wir schon zu zweit.
Stimme	Wat machen Se denn?

Ich Schriftsteller.

Stimme Is doch super! Hat unser kleenet Heckmeck sich doch glatt jelohnt. Kann man doch gleich 'ne schöne Jeschichte draus kredenzen.

Ich Na, geht so. Spannungsbogen fehlt.

Stimme Ach Spannungsbogen! Charakterstudie!

Ich Hm.

Stimme Doch doch, allein der Anfang. Dit mit der Hotline. War doch dufte!

Ich *Mein* Highlight war die Hautfarbe.

Stimme Ach der! Den mach' ick jedes Mal. Könn' Se haben. Die Hotline und die Hautfarbe.

Ich Danke.

Stimme Als kleene Wiedergutmachung.

Ich Eine Bitte hätt ich noch.

Stimme Na na, meen Freund, jetz ma' nich' gleich gierig werden.

Ich Aber der Aufzug.

Stimme Ach Mensch, dit wär mir glatt entfall'n. Da muss ick nur die digitale Notentriegelung betätigen. Dann jeht die Fahrt gleich weiter.

Ich Ach, echt?

Stimme Na logo. Pippifax! Nur wo Se jerade sind, dit müsst'n Se mir noch verraten.

Ich Congress Hotel.

Stimme Da hab ick aber mehr als eins.

Ich In Cottbus.

Stimme Ach Gottchen, Cottbus. Da würd' ick ja an Ihrer Stelle noch 'n bisschen stecken bleiben.

Dings

Ich habe Dings in der Straßenbahn getroffen. Neulich, in Leipzig, nach meiner Lesung. Dings begrüßt mich überschwänglich. Was es doch für eine Überraschung sei, mich hier zu treffen. Ausgerechnet hier, betont er und klopft mir mehrmals freundschaftlich auf meinen Oberarm. Dings scheint von aufrichtiger Freude erfüllt zu sein, mich zu sehen. Dummerweise habe ich keine Ahnung, wer Dings eigentlich ist.

Vielleicht ein Irrtum, denke ich. Ein verschwitzter stadtbekannter Irrer, der tagein, tagaus umhergurkt, wildfremde Menschen anquatscht, in ein verworrenes Gespräch verwickelt, nur um das Thema ganz am Ende auf Kleingeld, Leergut, das Weltjudentum oder Echsenmenschen zu lenken. Nicken, lächeln, weiterlaufen, denke ich. Und falls er sich nicht abschütteln lässt, dann brülle ich: »Hinter dir! Ein dreiköpfiger Affe!« und renne schnell davon, um unerkannt im Gewirr der morgendlichen Pendlerbrigade unterzutauchen. Ich bin mir sicher, das muss ein Irrtum sein. »Wahnsinn!«, sagt Dings. »Der Bokowski. Hier bei uns in Leipzig!« Verdammt!, denke ich.

Dings redet seit zwei Minuten auf mich ein. Ich lächle freundlich und mache mitfühlende, aber etwas uneindeutige Verrenkungen mit den Augenbrauen. All dies während unter meiner Schädeldecke eine neuronale Pyronale stattfindet. Kenne ich Dings? Wenn ja, woher und wann war ich eigentlich zum letzten Mal so fokussiert wie in diesem Augenblick? Beim Abitur, bei meiner praktischen Führerscheinprüfung oder immer dann, wenn ich nur noch einen von drei Versuchen übrig hatte, die richtige PIN für mein Smartphone einzutippen? Dings kennt mich. Aber beruht sein Kennen auch auf Gegenseitigkeit? Oder ist er ein verrückter Fan, der mich gleich überwältigen wird, um mir mit einem stumpfen Plastiklöffel ein blutiges Andenken aus dem Gesicht zu schaben? Werde ich den beißenden Geruch von Chloroform in meinen Bronchien spüren, das Bewusstsein verlieren und Stunden später in den Katakomben einer verlassenen slowakischen Kolchose aufwachen? Eingesperrt und angekettet, in völliger Dunkelheit, mit Max Goldt und Horst Evers und Eckart von Hirschhausen und den sterblichen Überresten von Rudi Carrell und Heinz Erhardt? Oh. Dings hat aufgehört zu reden. Dings erwartet eine Reaktion. Dings starrt mich ungeduldig an. Sag was, Paul, um Gottes willen sag was! »Ach, Mensch!«, sage ich.

Dings redet unbekümmert weiter. Glück gehabt!, denke ich. Irgendwo in meinem Hirn kippt eine kleine schlecht bezahlte Drüse eine Schubkarre Endorphine in meine

Blutbahn. Grenzenlose Euphorie macht sich breit. Als hätte ich ein Kind entbunden und zwischen den eng getakteten Wehen nicht nur eine Weltkriegsbombe entschärft, sondern auch erfolgreich ein Soufflé gebacken. Ich will versuchen Dings auf eine elegante Art und Weise loszuwerden. Nicht brüsk, aber bestimmt. Bevor das sonderbare Stelldichein zu brenzlig wird.

Dings begleitet mich zum Bahnhofsbäcker. Kommt Dings mir nicht doch irgendwie bekannt vor? Vage, ganz ganz vage? Ich habe in den letzten Jahren so viele Menschen kennengelernt. Dings könnte praktisch jeder sein. Ein Volontär beim WDR, ein Kleinkünstler aus der ostfriesischen Provinz, ein Vormieter vielleicht, ein Mitschüler aus der Parallelklasse, der Sprössling eines Veranstalters. Kenne ich Dings vielleicht von Instagram, von den Pfadfindern, vom Blutspenden oder der ersten Kommunion vom zweiten Kind meiner Cousine?

»Was darf's denn sein?«, fragt die Verkäuferin. Hinter Ihnen! Ein dreiköpfiger Affe! Dings verwendet keine Personalpronomen, wenn er auf mich einredet. Ich darf mir keine Blöße geben. Wie oft sind Dings und ich uns schon begegnet? Wie gut kennt mich Dings? Wenn ich doch wenigstens wüsste, ob Dings und ich uns duzen oder siezen. »Besteht vielleicht Bedarf an einem Heißgetränk?«, frage ich Dings. »Spendabel, spendabel«, sagt Dings. »Gern auch ein süßes Teilchen auf die Hand«, wage ich mich vor. Woll'n Se mich verarschen?, sagt der Blick der

Bäckereiverkäuferin. »Schau an, schau an!«, sagt Dings. »Da hat wohl heute jemand die Spendierhosen an.« »Ach«, sage ich, »ein Käffchen und 'ne Puddingschnecke sollten wohl noch drin sein.« – »Nach allem, was man hört«, sagt Dings, »hat man's ja.« Dings ist wahrlich ein Meister seines Fachs.

Dings bringt mich noch zum Zug. Ich überlege, wildfremde Menschen anzusprechen. »Wahnsinn! Die Meike! Hier in Leipzig!« Dann stelle ich Dings die Meike vor. »Das ist die Meike.« Dann muss Dings ihr seinen Namen sagen. Ihr und mir und uns. Schnell muss es gehen, bevor der Meike dämmert, dass sie gar nicht Meike heißt und ich nur ein schwitzender, stadtbekannter Irrer bin. »Och, Tschuldigung, ich hab Sie wohl verwechselt. Haben Sie ein bisschen Kleingeld für zwei Echsenmenschen?«

Dings bringt mich bis zum Wagen 7. Dings bewundert meinen Reiserucksack. »Alles voller Bücher«, sage ich unbedacht. »Das trifft sich gut!«, sagt Dings. »Ich nehme eins.« Verdammt!, denke ich. »Was macht das?«, fragt mich Dings. Mein Blick folgt seiner Hand. Ein kurzer Blick ins Portemonnaie genügt vielleicht. Ein flüchtiges, verstohlenes Blinzeln auf Krankenkassenkarte, Führerschein oder seinen Mitgliedsausweis für den Tigerenten Club. Dann fischt Dings einen grob zerknüllten Geldschein aus der Hosentasche. »Ach, geschenkt!«, rufe ich. Dings lacht, ich lache und reiche ihm das Buch. »Aber signiert, wenn man bitten darf!«, fordert Dings. Panik steigt in mir auf. Hinter dir! Ein dreiköpfiger Affe! Was, wenn ich das versaue? Dann ist der Ofen aus. Dann komme ich nicht mehr raus aus dem Dilemma. Dann wird Dings ganz sicher ungehalten. Dann prügelt Dings mich doch direkt zu Boden, mit meinem eigenen Buch vielleicht oder mit einer eingerollten *BahnMobil*. »Für wen ist es denn?«, bluffe ich. »Na, für mich!«, sagt Dings entrüstet. Die kleine unbezahlte Drüse stirbt an einem Herzinfarkt. Ich überlege, setze an: »Für dich, von mir.« Dings lacht. Ich lache. Die kleine unbezahlte Drüse atmet wieder.

Dings und ich sind pünktlich in Berlin. Dings hat keine Fahrkarte gezogen. Vielleicht ist er ein Mitarbeiter. Wie viele Angestellte hat die Bahn? Wie viele kennen mich vom Sehen? Wie viele kenne ich? Vielleicht hat Dings auch eine BahnCard 100. Das würde die Kollegenthese untermauern. Ich habe gute Augen. Ein kurzer Blick aufs Kärtchen würde schon genügen. Mehrfach habe ich versucht, die vorbeieilende Schaffnerin auf uns beide aufmerksam zu machen. Aber statt mit einer zweiten Fahrkarte und der Gewissheit über Dings Identität verlassen wir den Zug mit zwölf winzigen Tafeln Ritter Sport Schokolade.

Dings ist äußerst angetan von meiner Wohnung. Er sei ja eigentlich ganz glücklich in Leipzig, sagt er, aber die Sehnsucht nach Berlin, die mache ihm zu schaffen. Ich überlege, Dings ein Zimmer zu vermieten. Und dann, in zwei oder drei Monaten, wenn Dings sich richtig eingelebt hat, dann machen wir die Sache fest, über die Hausverwaltung, mit einem anständigen Untermietvertrag: Vorname, Nachname und allem Pipapo.

Dings und ich leben seit drei Wochen in einer eingetragenen Partnerschaft. Anfänglich schien mir der Gang zum Standesamt etwas übertrieben, aber nun, da ich endlich weiß, wie Dings eigentlich heißt, hat unser Beziehungsleben eine ganz neue Ebene erreicht. Manchmal küsst mich Dings ganz zärtlich in den Nacken. Dann denke ich: Hinter mir, ein dreiköpfiger Dings.

Mein kleines Tourtagebuch / Im Norden

01

Sololesung beim Bücherfrühling Verden. Eine Kleinstadt südlich von Bremen, die neben ihrer Autobahnausfahrt vorrangig für Deutschlands größte Pferdebesamungsanstalt bekannt ist. Man scheint nicht sonderlich stolz auf diesen Umstand zu sein. Kein Spruch, kein Claim, kein Slogan, der neugierige Reisende schon am Regionalbahnhof auf die spritzigen Höhepunkte dieser norddeutschen Nutztiermetropole vorbereitet.

Genau aus diesem Grund fünf Vorschläge, die ich mir nicht verkneifen konnte, kostengünstig abzugeben:

Verden – von glücklichen Stuten und Fohlen

Verden – einmal hin, alles drin

Verden – come in and Fohl out

Verden – fertilité toujours

Pferden würden Verden lieben.

Und um abschließend auch noch den tapferen Mitarbeitern aus dem Fachbereich Besamungstechnik ein Denkmal zu setzen: »Heribert macht Stuten froh und Hans-Jürgen ebenso«.

02

Feine urbane Unterschiede: Während Berliner Hipster aktuell das gleiche Outfit anhaben, in dem meine Eltern 1985 ihre erste Sozialwohnung renoviert haben, erinnern mich Hamburger Hipster eher an junge tschechoslowakische Ehepaare um 1989, die in ihrer Abendplanung noch ein wenig unentschieden sind. Entweder Ski fahren, tanzen gehen oder wahlweise die Prager Botschaft besetzen.

03

Duolesung in Bremen. »Das ist eure Künstlerwohnung«, sagt die Veranstalterin. »In der Küche sitzt noch eine achtköpfige Band aus Norwegen, aber macht euch keinen Kopf, die fahren heute Nacht noch weiter nach Schwerin. Die kommen nach dem Gig nur kurz vorbei, um schnell zu duschen. Sind aber alles anständige Jungs. Die werden auch nichts trinken, so verkatert wie die heute angekommen sind. Die wissen auch, dass ihr hier wohnt. Ich glaube, ab Mitternacht habt ihr eure Ruhe. Spätestens. Allerspätestens. Die haben auch einen eigenen Schlüssel und die Wohnung ist ja super weitläufig. Ich glaube, ihr hört kein Wort von denen. Ist auch nicht schlimm oder, dass man die Tür von eurem Zimmer nicht mehr abschließen kann? Das war 'ne Band aus Finnland. Ist ja von außen ausgiebig beschriftet, dass das euer Zimmer ist. Ich glaube, die wissen gar nicht, dass das ein Durchgangszimmer ist zum zweiten Bad. Frühstück haben wir euch auch vorbereitet. Das zweite Fach im Kühlschrank. Das weiß die Band, dass das für euch ist. Straßenbahn kennt ihr ja. Die kommt ja nachts zum Glück nur alle halbe Stunde. In jedem Falle Gute Nacht ihr beiden.«

04

Gästewohnung in Diepholz. Schlecht geschlafen, weil sich das linke Rollo nicht so weit herunterziehen ließ wie das rechte Rollo. Zu allem Überfluss vom verzweifelten Versuch geträumt, in der Schweiz ein Bankkonto zu eröffnen. Selten in einem meiner eigenen Träume so herablassend behandelt worden. Trotzdem mit einer Morgenerektion erwacht. Verwirrung.

05

Sololesung in Wismar. »Du, Mama«, ruft die etwa sechzigjährige Kulturbeauftragte quer durch den noch unbestuhlten Lesesaal zu ihrer rüstigen Frau Mutter. »Führ den Herrn Bokowski doch noch ein bisschen durch die Innenstadt! Nur einmal um den Alten Markt. Dann ist hier alles fertig«, bekräftigt sie.

»Nur wenn Sie Fernet Branca mögen«, flüstert die uralte Frau mir zu.

»Aber Mama, bitte«, mahnt die Kulturbeauftragte von der kleinen Bühne herab, »heute keine Kneipentour!«

»Ja oder nein?«, flüstert das Mütterchen.

»Ich mein das ernst, Mutter. Denk an den Hirschhausen!«

»Ja oder nein?«, drängt mich die Frau zu einer Antwort.

»Nur wenn man den im Gehen trinken kann«, sage ich.

»Ich war schon immer gut zu Fuß«, strahlt sie und packt mich unterm Arm. »Kennen Sie den eigentlich?«, schiebt sie hinterher. »Den Hirschhausen?«

»Nicht persönlich. Leider.«

»Wieso leider?«, fragt das Mütterchen. »Ich zeige Ihnen jetzt, wo dieser Waschlappen hingereihert hat. Und dann machen wir ein Foto. Für meine Tochter, die liebe Frau Kulturbeauftragte.«

06

Büchertisch nach meiner Sololesung in Papenburg.

»Greifen Sie lieber zu. Ist das Letzte!«

»Ich will nur nochmal anfassen.«

»Hab ich schon gemerkt.«

»Ach, echt?«

»Sie war'n ja in der Pause schon mal hier. Und ausgesprochen zärtlich mit dem Buch.«

»Ist das schlimm?«

»Nö, gar nicht. Ich kann das schon verstehen.«

»Echt?«

»Klar. Ich fasse doch auch ganz gerne an.«

»Was denn so?«

»Zwölf Euro neunundneunzig.«

07

Treffen sich im Ruhebereich eines ICE zwischen Braunschweig und Berlin ein Junggesellinnenabschied aus dem Sauerland und eine Männerreisegruppe aus dem Ruhrgebiet. Keine Pointe. Nur ich. Mittendrin.

08

Morgens halb elf in Hannover. Ich stehe am Bahnhof und warte auf den Eurocity Richtung Gütersloh, als mit leicht schwankendem Gang ein junger Mann auf mich zugelaufen kommt.

»Tach Großer, ham Se mal fünfzig Cent?«

»Nehmen Sie auch Leergut?«

»Nee, ich brauch es gleich in bar.«

»Wofür denn?«

»Ein Ticket. Nach Gütersloh.«

»Gütersloh?«

»Ja.«

»Dann können Sie bei mir mitfahren.«

»Wie jetzt?«
»Ich habe noch einen Mitfahrergutschein.«
»Was soll ich?«
»Na, mitfahren.«
»Wohin?«
»Nach Gütersloh.«
»Bin ich dumm oder was?«
Er geht.

09

Ich möchte keineswegs behaupten, dass Osnabrück wesentlich uncooler ist als all die anderen »Großstädte« in Niedersachsen. Aber das einzig auffindbare Graffiti am Hauptbahnhof Osnabrück lautet wie folgt: Osnabrück.

10

Duolesung in Mecklenburg. Kollege S. und ich laufen um den Schweriner See und sprechen über das Traurigsein. Die Einsamkeit hinter der Fassade. Zwei bekümmerte Humorliteraten, die sich nur mit Vitamin-D-Präparaten, Tageslichtlampen und zwanghafter Masturbation über den Winter gerettet haben. Dann sieht S. im flachen Wasser einen Frosch. Einen echten Frosch. Und freut sich wie ein Großstadtkind. Minuten lang folgen unsere fokussierten Blicke dem wunderlichen Geschöpf. Dicht unter der schimmernden Oberfläche. Die schmale, warme Uferbefestigung entlang. Alles wird in eine vernünftige Relation gesetzt. Die Sonne, die Brise, ein Tretboot und der Duft von Frühling. Alles ist gar nicht mehr so schlimm. Dann kommt ein Reiher, aus dem Nichts, und verschlingt das kleine Tier. Die Sonne blendet, die Brise pfeift, der See stinkt, wir gehen.

Warten auf Merlot

Liebe Fluggäste,
herzlich willkommen an Bord der Boeing 737. Mein Name ist Heinrich Müller. Ich bin heute Ihr Kapitän auf dem Flug Air Berlin 3419 nach Palma de Mallorca. Das Wetter hier in Berlin-Tegel ist sonnig und mild bei 22°, die Sicht ist klar, und es weht ein leichter Wind aus Nord-Nord-Ost. Zu meiner Rechten mein Erster Offizier Karsten Nowak. Unser Abflug wird sich leider um einige Minuten verzögern. Grund dafür ist ein technisches Problem mit unserem linken Fahrwerk sowie ein Insolvenzantrag der *Air Berlin & Co. Luftverkehrs* KG. Wir sind guter Dinge, dass das technische Problem bereits in wenigen Minuten gelöst sein dürfte. Bitte bleiben Sie bis auf Weiteres angeschnallt.

Krrrrrsssschrrrrr

Liebe Fluggäste,
hier spricht Ihr Kapitän. Wir warten noch immer auf die Freigabe der Flugsicherung, weshalb sich unser Abflug um weitere zwanzig Minuten verzögern wird. Wir möchten Ihnen an dieser Stelle versichern, dass das

geplante Insolvenzverfahren natürlich keinerlei Auswirkungen auf unsere Flugreise haben wird. Im Namen der gesamten Crew möchte ich mich trotzdem für die spontane Kollekte aus der Business-Klasse bedanken. Wir werden Ihre großzügige Spende zu gleichen Teilen unter der Besatzung aufteilen.

Krrrrrssschrrrrr

Liebe Fluggäste,
ebenso freut es uns natürlich, dass sich auch Passagiere aus der Economy-Klasse an der solidarischen Sammelaktion beteiligt haben. Vielen Dank für die 10er-Stempel-Karte von Subway, einen Brillenpass von Fielmann, das Kurzstreckenticket der Berliner Verkehrsbetriebe und nicht zu vergessen einen 50-Cent-Verzehrgutschein von Sanifair. Auf Nachfrage müssen wir Sie leider davon in Kenntnis setzen, dass das Ausstellen einer Spendenquittung in diesem Falle leider nicht möglich ist. Wir bitten um Ihr Verständnis.

Krrrrrssschrrrrr

Liebe Fluggäste,
hier spricht noch einmal Ihr Kapitän. Wir möchten uns für das kleine Handgemenge zwischen Reihe 17 und 21 entschuldigen. Unsere Kabinenchefin Hannelore Wuchtig steht wenige Wochen vor ihrem wohlverdienten Ruhestand und hat angesichts der drohenden Insol-

venz für einen winzigen Moment die Nerven verloren. Wir möchten Frau Wuchtig auf diesem Wege bitten, ihr Oberteil wieder anzuziehen, und entschuldigen uns für die entstandenen Unannehmlichkeiten.

Vielen Dank.

Krrrrrsssschrrrrr

Liebe Fluggäste,
hier noch eine Anfrage in eigener Sache: Sollte sich ein Jurist für Arbeitsrecht oder Personalwesen an Bord befinden, bitte melden Sie sich beim Flugpersonal im vorderen Teil der Kabine. Mein Erster Offizier Karsten Nowak wird Sie dort mit einem erfrischenden Kaltgetränk begrüßen. Herr Nowak ist im ersten Bildungsweg übrigens gelernter Intensivkrankenpfleger. Außerdem sind wir beide Besitzer einer Advocard.

Vielen Dank.

Krrrrrsssschrrrrr

Liebe Fluggäste,
mittlerweile hat unser Flug eine Verspätung von 165 Minuten. Entgegen anderslautenden Gerüchten aus der Economy-Klasse werden wir unser Flugziel trotzdem noch vor Ende des Insolvenzverfahrens erreichen. Ebenso möchte ich Ihnen zusichern, dass das von Ihnen aufgegebene Gepäck natürlich nicht zur Konkursmasse dieses Unternehmens gehört. Wir bitten deshalb besonders die

Sitzreihen 8, 11 und 14 darum, wieder zur Ruhe zu kommen und den erbeuteten Getränkewagen unverzüglich freizugeben.

Krrrrrsssschrrrrr

Liebe Fluggäste,
hier spricht Ihr Kapitän. Ich melde mich bei Ihnen auf Anraten meines juristischen Beistandes aus Reihe 4. Da ich grob geschätzt etwa 878 unbezahlte Überstunden angesammelt habe, werde ich das Kommando über diesen Flug hiermit an meinen Ersten Offizier Karsten Nowak übergeben. Als letzte offizielle Amtshandlung möchte ich unsere Kabinenchefin Frau Wuchtig darum bitten, mir vier Flaschen Merlot und ein halbes Kilo Schokoherzen vorbeizubringen.

Vielen Dank.

Krrrrrsssschrrrrr

(angetrunken) Liebe Fluggäste,
hier spricht Heiner Müller. Wir befinden uns seit etwa vier Stunden auf dem südlichen Schmollfeld. Leider warten wir noch immer auf die Freikarte von Wirtschaftsminister Lambsdorff. Unsere Besatzung hat im hinteren Zugteil eine Raucherecke für Sie eingerichtet. Außerdem wird in wenigen Minuten ein mobiler Brezelverkäufer zusteigen. Ja, da ham Se richtig gehört. Ein subtiler Brezelverkäufer. Übrigens ein Südländer aus

Amarschistan. JAJA! SO is dit heutzutage. Zwanzig Minuten Umschulung in der nächsten Ditsch-Filiale und zack: Arbeitsplatz. Aber achtzehn Monate Grundausbildung, dreißig Jahre Flugerfahrung. Und jetzt kann ick dit Sommerhaus in Falkensee mit 'ner Schubkarre voller Schokoherzen abbezahlen. So is dit.

Krrrrrsssschrrrrr

Und unter uns, liebe Fluggäste. Die Frau Wuchtig. DIE FRAU WUCHTIG! Wissen Se, wo die früher gearbeitet hat? Na raten Se mal. JA, RATEN SE MA! Richtig. Bei Schlecker! Ham Se dit gewusst? Fünf Jahre arbeitslos, Umschulung zur Saftschubse und schubs: Schon wieder so 'n beschissenet Inkontinenzverfahren. So is dit im Leb'n. Brezelverkäufer müsste man sein. Steriler Brezelverkäufer. Da krieg ich so 'n Hals. Resting Ditsch Face krieg ich da! FRAU WUCHTIG! Komm Se ma rum. Wir machen jetzt 'ne Initiativbescherung fertig. Kleene Frontbildung! Für Ditsch. Und bring Se ma lieber noch 'ne Flasche Merlot mit. Oder zwei. Der Nowak kotzt schon wieder. Hm lecker! Schokoherzen! Aber wuchtig!

Krrrrrsssschrrrrr

(stark angetrunken) Liebe Fluggäste,
herzlich Killwommen auf Flug 4711. Hier fischt Ihr Kapitän Captain Morgan. Wir ham Mittermeyer eine

Flughöhe von 2,9 Promille erreischt und fliegen diesseits mit einer Konsonanten Temperatur von 84 °Celsius. Auf der rechten Seite sehn Se noch imma dit Terminal A und zu unserer Schinken den Büstenhalter von Frau Wuchtig. Bei unserer derzeitigen Geschwindigkeit werden wir Pirna de Mallorca aller Vorfahrt nach in etwa 150 Millionen Jahren erreichen. Bitte beachten Sie noch, dass dieser Flug in Hamm Westfalen geteilt wird. Der vordere Tagenweil geht an die Deutsche Luftwaffe. Die Reihen 20 bis 32 fliegen weiter nach Köln-Deutz. Ich hoffe, Sie hatten einen angenehmen Flug. Im Namen der ganzen Bepflanzung bedanke ich mich, dass Sie unserem Unterfangen so lange die Stange gespalten haben. Lassen Sie mich zu guter Letzt noch den begrünten deutschen Philiosophen Arthur Schöfferhofer zitieren: vielen Dank.

Treppe, Messing, Crack, Spion

Meine Schwester Hannah ist zu Besuch. Wir beschließen, das Nachtleben der Weltmetropole Berlin in vollen Zügen auszuschöpfen: Spezi vom Spätkauf, eine Familienpackung Schokocrossies und zwei Pizzen vom Italiener gegenüber. Als wir zurück in mein Mietshaus kommen, sitzt ein junger Mann auf der Treppe zum zweiten Stock. Er grüßt, als er uns kommen sieht. Kaum fällt die Tür hinter uns ins Schloss, presse ich, in alter polnischer Tradition, meinen Kopf gegen den Türspion.

Hannah Was wird das denn?
Paul Ich glaub', das war ein Einbrecher.
Hannah Aha.
Paul Doch! Echt jetzt!
Hannah Du spinnst.
Paul Nein!
Hannah Doch! Echt jetzt! Wie kommst du denn auf Einbrecher?
Paul Na haste nich' gemerkt?
Hannah Was gemerkt?
Paul Der Typ hat uns gegrüßt!
Hannah Na und?

Paul	Hannah, ich wohn' seit acht Jahren in dem Haus. Hier hat noch nie einer gegrüßt!
Hannah	Wir haben doch gegrüßt.
Paul	Nee!
Hannah	Doch, Paul.
Paul	Hannah, ich wohn' seit acht Jahren in dem Haus. Ich hab noch nie gegrüßt.
Hannah	Paul, wir *haben* gegrüßt.
Paul	Nein! Wir haben *zurückgegrüßt*. Das ist was ganz anderes!
Hannah	Ist mir ja ein Rätsel, warum Mama und Papa dich nicht weggegeben haben.
Paul	Hannah!
Hannah	Wir waren so oft an irgendwelchen Autobahnrastplätzen. In Belgien, Polen, Dänemark. Alles verschenkte Gelegenheiten.
Paul	Ich sag dir, der Typ ist ein Einbrecher!
Hannah	Ja, Mensch, ham wir ein Glück, dass wir zu Hause sind!
Paul	Jetzt guck doch mal!
Hannah	Nein!
Paul	Nur kurz!
Hannah	Ja, gut, verdammt! Ich gucke.
Paul	Na, siehste?
Hannah	Paul, der macht doch überhaupt nichts.
Paul	Doch. Der sitzt!
Hannah	Ja stimmt! Der sitzt! Und so was von bedrohlich! Ab ins Arbeitslager!
Paul	Hannah! Der sitzt *und* rutscht!

Hannah Todesstrafe! Unverzüglich!

Paul Von rechts nach links. Immer von rechts nach links.

Hannah Vielleicht hat er Hämorrhoiden.

Paul Warum soll der denn Hämorrhoiden haben?

Hannah Haben wir doch auch!

Paul Ich hab doch keine Hämorrhoiden.

Hannah Jetzt erzähl mir bitte nicht, dass dieser genetische Kelch an dir vorübergegangen ist!

Paul Dafür hab ich ein bisschen Schuppenflechte an den Ellenbogen.

Hannah Du Glücklicher! Ich würde meinen linken Arm hergeben für ein Leben ohne Hämorrhoiden.

Paul Ich glaub, der schraubt unsere Fußleisten ab!

Hannah Was denn für Fußleisten?

Paul Na die Fußleisten! Auf der Treppe!

Hannah Jaja. Fußleisten. Ganz heiße Ware. Bitcoins, Goldmünzen, Fußleisten. Musste immer schön aufpassen am Kottbusser Tor, dass dich keiner antanzt und dir die Fußleisten klaut. Können wir jetzt essen?

Paul Hannah, der schraubt wirklich unsere Fußleisten ab.

Hannah Was will der denn mit Fußleisten?

Paul Messing!

Hannah Was?

Paul So Messingzeug ist superteuer!

Hannah	Woher willst du denn wissen, was Messing kostet?
Paul	Ich hab das mal gegoogelt.
Hannah	Warum!?
Paul	Wegen den Fußleisten.
Hannah	Du bist total bescheuert!
Paul	Hannah!
Hannah	Was denn!?
Paul	Der schraubt wirklich unsere Fußleisten ab.
Hannah	Freu dich doch! Dann ist er doch de facto gar kein Einbrecher.
Paul	Hannah! Der Typ ist ein Buntmetalldieb!
Hannah	Paul, ganz im Ernst. Dann ruf die Polizei und gib gefälligst Ruhe.
Paul	Ich kann doch nicht die Polizei rufen!
Hannah	Warum denn nich'?
Paul	Ich bin doch kein Wutbürger!
Hannah	Du klebst seit vier Minuten am Türspion fest, ich finde, das kommt einem Wutbürger schon erstaunlich nahe!
Paul	Ich bin KEIN Wutbürger!
Hannah	Du hast dir sogar einen Hocker geholt.
Paul	Wegen meinen Knien.
Hannah	Dann ruf *ich* halt die Polizei.
Paul	Nein.
Hannah	Wieso denn nicht?
Paul	Dann weiß der doch sofort, dass wir das waren!
Hannah	Na und?

Paul Am Ende kommt der Typ und rächt sich.

Hannah Was soll er denn machen? Dein Klingelschild abschrauben?

Paul Oder der schickt die Mafia.

Hannah Was denn für 'ne Mafia?

Paul Die Buntmetallmafia.

Hannah Du bist doch total bekloppt.

Paul Der schraubt wirklich unsere Fußleisten ab.

Hannah Dann ruf die Polizei!

Paul NEIN!

Hannah Warum denn nicht?

Paul Weil nur Nazis die Polizei rufen.

Hannah Klar! Nazis! Total polizeiaffine Randgruppe! In der polizeiinternen Anruferstatistik ganz weit oben!

Paul Du weißt ganz genau, was ich meine!

Hannah Paul! Entspann dich. Bei mir hat jeden Morgen pünktlich um halb zehn ein Assi aus der Nachbarschaft sein Crack geraucht. Direkt vor meiner Wohnungstür. Ich hätte meinen rechten Arm hergegeben für einen Buntmetalldieb.

Paul Du musst ein bisschen mehr auf deine Arme aufpassen.

Hannah Sehr witzig.

Paul Danke. Und was hast du gemacht wegen dem Crackmann?

Hannah Gelüftet!

Paul Auch sehr witzig.

Hannah	Danke. Aber ich bleib dabei. Du bist kein Nazi, nur weil du ein Mal in deinem Leben die Polizei rufst.
Paul	Aber vielleicht kann der gar nicht anders!
Hannah	Ein Messingmessi?
Paul	Vielleicht braucht er unsere Fußleisten, um zu überleben?
Hannah	Schon klar. Wasser, Brot und Fußleisten.
Paul	Vielleicht ist er arm und obdachlos und illegal im Land, und weil die ganzen Horden von pfandflaschensammelnden deutschnationalen Rentnern ihm die letzte Möglichkeit genommen haben, legal ein bisschen Geld zu verdienen, muss er eben Fußleisten klauen, um seine Familie zu versorgen.
Hannah	Wieso geht der denn dann nicht den kurzen Weg und klaut sich gleich was zu essen?
Paul	Hast du nie *Les Misérables* gelesen?
Hannah	Nö.
Paul	Jean Valjean? Ein Laib Brot? Neunzehn Jahre Haft?
Hannah	Aha.
Paul	Gibt es auch als Film. Bei Netflix!
Hannah	Paul!
Paul	Mit Anne Hathaway.
Hannah	Paul!
Paul	Du magst doch Anne Hathaway!
Hannah	Heute ist Sonntag!
Paul	Na und?

Hannah	Sonntag ist Tatorttag!
Paul	Jaja. Du Wutbürger!
Hannah	Für dich immer noch WutbürgerIN!
Paul	Und den Crackheini? Wie bist du den jetzt losgeworden?
Hannah	Ich hab den weggeklatscht.
Paul	Bitte was?
Hannah	Ich hab still hinter meiner Wohnungstür gewartet und immer, wenn er fertig war mit Crackrauchen, habe ich laut, langsam und abfällig geklatscht.
Paul	Abfällig?
Hannah	Ja, abfällig. Nach sechs oder sieben Mal wurd' es ihm zu doof. Dann ist er nicht mehr aufgetaucht.
Paul	Ist mir ja ein Rätsel, warum Mama und Papa dich nicht weggegeben haben.
Hannah	Sehr witzig.
Paul	Belgien, Polen, Dänemark. All die verschenkten Gelegenheiten!

Briefe an einen schwulen Dichter

Lieber Paul,
falls Du Deine Zuschriften noch selber liest, dann antworte mir bitte. Ich bin mir sicher: Wir haben soeben bei Tinder gematched. Was mich wirklich überrascht hat, weil ich gerade im Auslandssemester in Südkorea bin. Und der durchschnittliche Südkoreaner selten aussieht wie ein intellektueller polnischer Jude aus den 20er Jahren. Aber ich bin mir sicher, dass Du das warst! Aber dann ist die Schweine-App abgestürzt und hat den Match gefressen. Das hat mich wirklich unheimlich geärgert. Nicht nur, weil ich zu gerne mal an Deinen abstehenden semitischen Öhrchen knabbern würde! Auch Deine beiden Standardwerke habe ich mit großer Freude gelesen. Daher nun auf diesem Wege: Falls Du nach meiner Rückkehr für ein Bier oder Beischlaf zur Verfügung stehst, würde ich mich über eine Antwort freuen. Sollte diese Mail aber bei Deinem Verlag oder Deiner Agentur landen, bitte ich höflich darum, die Nachricht ungelesen weiterzuleiten.

Viele Grüße
Jakob

Sehr geehrter Herr Bukowski,
ich bin seit langer Zeit ein großer Fan Ihrer Arbeit und frage mich, ob Sie sich vorstellen könnten, einem gut gepflegten Mann Mitte 50 einen kleinen Gefallen zu tun? Würden Sie mir ein ansprechendes Bild Ihrer nackten Füße zusenden? Nach Möglichkeit ohne Blitz oder künstliche Beleuchtung. Rückseitig wie vorderseitig in doppelter Ausführung. Eine besonders große Freude würden Sie mir machen, wenn Sie Ihre nackten Füße auf einem neutralen Untergrund ablichten könnten. Einem laublosen Waldweg zum Beispiel, ungemustertem Linoleum oder zur Not ganz einfach auf Crottendorfer Marmor. Ihrer Kreativität sind keine Grenzen gesetzt. Gerne schicke ich Ihnen einen frankierten Rückumschlag zu, damit Ihnen keine Unkosten entstehen.

Mit freundlichen Grüßen
Siegmund Kesselring

Moin moin, Herr Bokowski,
gleich mal vorweg, das wird jetzt keine Kennenlernanfrage, versprochen. In Berlin gibts ja wohl genügend Menschen, da brauchen Sie keinen Liebhaber aus dem Oderbruch, und auch wenn ich nach der Lektüre Ihres ersten Buches etwas neugierig geworden bin, möchte ich nicht nachhaken, ob Sie nun schwul sind, heterosexuell, sapiosexuell, transdimensional oder was die Leute innerhalb des Berliner S-Bahn-Rings sich sonst noch einbilden zu sein. Außerdem bin ich seit einer nächtlichen Begegnung mit einer polnischen Wildsau nur noch be-

dingt zu sexuellen Handlungen fähig. Stattdessen lasse ich regelmäßig im Schützenverein Oderaue-Bliesdorf meinen inneren Druck ab, wenn Sie verstehen, was ich meine. Außerdem mache ich Kräuterkerzen. Wie so vieles Unnormale habe ich auch Sie ganz zufällig im Internet entdeckt, und zum Glück verscherbelt Amazon gebrauchte Bücher ja so günstig, dass ich mir bei der Eierfrau im Nachbarort ein wenig Geld geborgt habe, um eines Ihrer Bücher zu bestellen. Sie müssen wissen, wir glauben nicht an staatlich oktroyierte Zahlungsmittel. Ich habe 50 Eurocent plus Versandgebühr bezahlt. Ich hoffe, dass ein Großteil davon in Ihre Tasche wandert. Verdient hätten Sie es! Einen ziemlichen Knaller haben Sie da rausgehauen. Falls Sie mal in der Nähe sind, schauen Sie gerne vorbei. Meine Lebensgefährtin kocht das beste Pervitin zwischen Seelow und Zechin. Das ist wie Crystal Meth. Nur braun.

Herzliche Grüße

Eike-Dietmar

PS: Wir haben jetzt auch Wölfe

Guten Morgen, Herr Bokowski,

Sie werden sich kaum an mich erinnern. Ich war zwischen 1994 und 1996 Ihr Gymnasiallehrer im Fach Deutsch. Wie bei allen meinen Schülern habe ich auch Ihren beruflichen Werdegang verfolgt und bin mehr als stolz darauf, dass Sie sich als freischaffender Autor in einem der größten deutschen Verlagshäuser etablieren konnten. Bei eBay ist es mir gelungen zwei Erstausgaben Ihrer beiden Bücher zu ergattern. Ich würde Sie bitten, mir diese Bücher doch mit einer persönlichen Widmung postwendend zurückzusenden. Außerdem war ich so frei mit einem roten Fineliner auf Fehler in der Rechtschreibung und Zeichensetzung hinzuweisen.

Mit bestem Dank und herzlichen Grüßen
Matthias Raumann

Lieber Herr Buckowski,
ich habe in Ihrem Instagram gesehen, dass Sie häufig im öffentlichen Fernverkehr unterwegs sind. Haben Sie auf langen Bahnfahrten nicht auch hin und wieder das Bedürfnis, einfach Ihre Schuhe abzustreifen und Ihre nackten, müden Füße auf der kurzen, feinborstigen Auslegeware verschnaufen zu lassen? Sollten Sie die Muse finden, diesen stillen Moment der Entspannung einmal abzulichten, wäre ich Ihnen für einen Abzug in zweifacher Ausführung wirklich dankbar. Ganz besonders, wenn es sich um einen ICE der Baureihe 4 handelt.

Mit den allerbesten Grüßen
Siegmund Kesselring

Grüß Gott, Paul,
wir kennen uns nicht, aber wie Du aus meiner Absenderadresse herauslesen kannst, haben wir den gleichen Vor- und Nachnamen. Ich habe auch direkt eine Google-Bildersuche gemacht und bin ganz froh, dem optisch etwas ansprechenderen Teil der Familie zu entstammen. Direkt verwandt können wir ja eh nicht sein. Wir

hier im Süden haben nämlich keine Homosexuellen in unserer Familie. Na ja, den Alfred aus Dischingen vielleicht. Aber der ist streng genommen Apostolischer Vikar. Wer weiß schon, was bei dem so alles schiefgelaufen ist. Meine Mutter lässt übrigens fragen, ob dein Vater zufällig auch Hans-Peter heißt? Und was mich interessieren würde: Wie sieht eigentlich Dein Penis aus? Bilder von meinem findest Du im Anhang. Hast Du auch diese Pigmentstörung an der Unterseite? Schick mal rüber! Bleibt in der Familie!

Schöne Grüße
Paul

Hallo, Herr Bokowski,
manche Randsätze fallen auf, sogar die im Klappentext einer Weihnachtsanthologie bei Rowohlt. Dort las ich letzte Woche Folgendes: »Paul Bokowski, geboren 1982 in Mainz am Rhein, hat noch immer kein Seepferdchen.« Wissen Sie was? Ich auch nicht! Wollte ich aber vor meinem 50. Geburtstag noch erledigen. Wollen wir den nächsten Anlauf vielleicht zusammen starten?

Feuchte Grüße
Walter (glücklich verheiratet, aber neugierig)

Lieber Paul Buckowsky,
hier schreibt Ihnen, mittlerweile schon zum dritten Mal, Siegmund Kesselring. Wenn ich mir Ihren Tourkalender so anschaue, wundert es mich nicht, dass ich bereits seit mehr als 18 Stunden auf eine Antwort von Ihnen war-

ten muss. Ich hoffe Sie kommen heute noch dazu Ihre (nackten) Füße hochzulegen. Wann führt Ihr Weg Sie zu mir an die schöne Pegnitz? Übrigens bin ich im Fachmagazin *Wissen & Staunen* gerade auf einen sehr interessanten Artikel gestoßen, der mich unvermeidlich an Sie denken ließ. Dort steht, dass die roten Marmorplatten aus Hitlers Reichskanzlei nach dem Krieg im U-Bahnhof Mohrenstraße verbaut wurden. Im Internet gelang es mir herauszufinden, dass Sie in der Brüsseler Straße 61 wohnen. Das wäre eine Fahrtzeit von nur 17 Minuten. Hätten Sie Zeit und Lust für einen kleinen Ausflug? Ich kann mir kaum etwas Reizvolleres vorstellen, als ein Bild Ihrer nackten Füße auf diesem geschichtsträchtigen Bodenbelag. Natürlich würde ich Ihnen zu diesem Zweck ein Tagesticket für die Berliner Verkehrsbetriebe spendieren. Ach übrigens, bevor ein falscher Eindruck entsteht: Ich bin freilich kein Faschist. Mein Herz schlägt einzig und allein für unser aktuelles Staatsoberhaupt: Georg Friedrich Prinz von Preußen.

Herzliche Grüße
Ihr Siegmund

Sehr versehrter Herr Bokowski!
Mit Begeisterung habe ich Ihre beiden Bücher »Irgendwas mit Menschen« und das andere gelesen. Sie haben mich sehr erheitert. Vielen Dank dafür! Außerdem hat es mich gefreut zu erfahren, dass Sie einen heterosexuellen Lebensweg noch nicht gänzlich aufgegeben haben. Verstehen Sie mich bitte nicht falsch: Ich toleriere auch

homosexuelle Lebensentwürfe, habe in meinem Beruf allerdings die Erfahrung gemacht, dass wahres homosexuelles Empfinden nur eine absolute Randerscheinung in unserer Gesellschaft darstellt. Die meisten Menschen empfinden bestenfalls gleichgeschlechtliche Gelüste. Was sich in vielen Fällen auf tiefliegende muskuläre Verspannungen zurückführen lässt. Als langjährige Kontraktionsexpertin konnte ich viele Männer von derartigen Verspannungen und Blockaden befreien, so dass sie schlussendlich den Ausweg aus ihrer narzisstischen Sackgasse finden konnten. Gerne würde ich auch Ihnen helfen. Sie wären nicht mein erster mittelmäßig prominenter »Patient«. Sollten Sie jemals in Thüringen verweilen, wäre es mir eine Freude, Sie an meiner über 68-jährigen Berufserfahrung teilhaben zu lassen. Aufgrund einer rheumatischen Erkrankung vermag ich die Behandlung leider nur noch über eine hausinterne Intercom-Anlage aus dem Untergeschoss anzuleiten. Es ist eine sehr alte Intercom-Anlage. Wundern Sie sich also bitte nicht, wenn zeitweise der Eindruck einer alten Tonbandaufnahme entsteht. Um das körperliche Lösen Ihrer Blockaden und Versteifungen wird sich mein Sohn Alfred-Theobald kümmern. Wir würden uns sehr freuen, alsbald von Ihnen zu hören.

Einen glückseligen Resttag wünscht Ihnen

Henriette Lüdtke

Mein kleines Tourtagebuch / Im Osten

01

Kleinkunstabend in Lutherstadt Eisleben. Die Rezeption im Landgasthof Holzaue ist nur bis 16.00 Uhr besetzt. Ich finde meinen Zimmerschlüssel im Blumenkasten neben der Garage. Dass mein Zimmerschlüssel im Blumenkasten neben der Garage liegt, weiß ich, weil am Eingang zur Rezeption ein handschriftlicher Zettel klebt mit der Aufschrift »Zimmerschlüssel f. Bukowski: Blumenkübel n. d. Garage«.

02

Samstag. Halb zwölf in Deutschland. Ich sitze in einem Erlebnishotel am Stadtrand von Halle und mache genau eine Sache nicht: erleben. Stattdessen lege ich ein Dinosaurierskelett aus Bügelperlen, während auf dem einzigen störungsfreien Fernsehsender eine Episode von »Bitte melde dich« über den Bildschirm flackert. Zur moralischen Unterstützung gibt es zwei Bifi, vier Schoko-Reiswaffeln und eine kleine Flasche Jägermeister, die ich aus dem Backstage der heutigen Sololesung für den Interessenverband Deutscher Fahrlehrer habe mitgehen lassen. Ich wiederhole: Interessenverband Deutscher Fahrlehrer. Dieser Eintrag braucht keine Pointe.

03

Auftritt für die Evangelische Kirche Schlesisch-Oberlausitz. Der Backstageraum ist ein Seminarraum der christlichen Familienbildung. In der Ecke steht ein Flipchart. Seit zwanzig Minuten widerstehe ich dem inneren Drang, auf die letzte Seite einen riesengroßen Penis zu malen. Gott stehe mir bei.

04

Großer Kleinkunstabend in Magdeburg. Eben noch hat der Kabarettist im gelben Cordanzug das zumindest zahlreich erschienene Publikum dadurch wach gehalten, dass er Holländerwitze rezitiert und vornehmlich ältere Damen in der ersten Reihe mit einem Industrielaubbläser sexuell belästigt. Nun mokiert er sich im Backstage darüber, dass ich meine Texte ablese. Hätte er das mal vor vierzig Jahren gewusst, raunt er mir zu, dass die Leute »sogar DAS fressen« würden. Aber witzig sei ich schon. Das müsse er echt zugeben. Warum ich denn kein Comedian geworden sei. Die meisten Comedians würden was darum geben, so witzig zu sein. Die würden stattdessen einen auf hässlich machen. Und ich hätte ja das große Los gezogen. Immerhin sei ich hässlich UND witzig.

05

Weimar. Im aktuellen Gästebuch des Goethe Nationalmuseums steht sechsmal der Eintrag »Fack ju Göhte«. Nur ein einziges Mal entdecke ich den Klassiker »Bedecke deinen Pimmel, Zeus«. Das ist wirklich nicht mehr das Land, in dem ich leben möchte.

06

Bahnhofsbäckerei Rostock.

»Tach.«

»Moin.«

»Eine Leipziger Lerche bitte.«

»Ham wer nech.«

»Doch, da.«

»Dit sind nur Lerchen.«

»Ach stimmt, wir sind ja nicht in Leipzig.«

»Leider nein.«

»So schlimm?«

»Ja.«

»Kann ich was tun?«

»Komm' Se oder fahr'n Se?«

»Ich fahre gleich.«

»Dann ham Se schon alles richtig gemacht.«

07

Wien. Die Künstlerwohnung im Stadtteil Neubau überzeugt auf ganzer Linie. Ein großer Pluspunkt der soliden Grundausstattung sind die beiden kurzärmeligen Notfallhemden für Touristen aus dem deutschen Mutterland. Modell Jürgen in blau kariert, Modell Achim in blau gestreift. Wir sind begeistert und vergeben die Höchstwertung: 5 von 5 Rauten.

08

Chemnitz. Als guter Homosexueller habe ich immer einen Schirm dabei. Ich glaube, das kommt daher, weil wir Homos so eng mit unseren Müttern sind. Und meine Mutter wirklich immer nochmal zurück ins Haus gehechtet ist, um einen Schirm zu holen. Ein großes Dankeschön an meine Frau Mama, dass ich gestern beim großen sächsischen Regenguss nicht nass geworden bin. Bis auf diesen kurzen Augenblick, als ich einer alten Frau mit Rollator in einem Akt der Selbstlosigkeit meinen Schirm über den Kopf gehalten habe. Wir sind aber in Chemnitz. Also hat sie nur gebrüllt: »Hau ab, du Penner!« Ich glaube, die war sehr eng mit ihrem Vater.

09

Leipzig. Man sieht es mir nicht an, aber ich habe gelegentlich Geschlechtsverkehr. Gestern Abend nach der Lesung ein unverhofftes Date. Lief eigentlich ganz gut. Dann das:

»Guck mal Paul, eine Wimper!«

»Aha.«

»Komm, wünsch dir was!«

»Lieber nicht.«

»Wieso nicht?«

»Das ist keine Wimper. Das ist ein Nasenhaar.«

Wie gesagt: lief eigentlich ganz gut. Lief.

10

Dresden. Dritter Advent. An einer Straßenbahnhaltestelle stehen vier in Winterkleidung verschnürte Gestalten. Eine Kleinfamilie aus Hamburg und ein Lesebühnenautor aus Berlin. Ein eisiger Wind schmettert den Wartenden unermüdlich ins Gesicht. Geschmacksrichtung: Ostblock. Als am Horizont die erlösende Straßenbahn erscheint, hechtet eine Frau von der anderen Straßenseite zu uns herüber. Geschickt durch den sporadischen Verkehr huschend, wird sie ausgerechnet auf dem Gehweg um Haaresbreite von einem Fahrradfahrer erfasst. »Pass doch auf, du Fotze!«, ruft der grobschlächtige Mann. »Halt die Schnauze, du Nazi!«, brüllt die Frau beherzt zurück.

»Was ist ein Nazi?«, fragt das Kind der Kleinfamilie. Der Mutter ist das Thema »Die Deutschen und die Diktatur« für einen Sonntag viel zu groß. Sie entdeckt ihre ungeahnte Leidenschaft für Gründerzeitfassaden.

»Was ist ein Nazi?«, wiederholt das Kind. Auch der Vater entzieht sich der Erziehungspflicht und flüchtet seinen Blick in das Kleingeldfach seiner Geldbörse.

»Was ist ein Nazi?«, ruft das Kind ein drittes Mal, als die Straßenbahn vor uns zum Stehen kommt. Alle fünf treten vor, verharren vor der gleichen Tür, bis die Frau aus Dresden ihre Hand nach vorne schiebt und den Türöffner betätigt.

»Ein Nazi«, sagt sie, »ist jemand, der fremden Leuten einfach die Adventskalendertürchen aufmacht.«

Als die Straßenbahn den Mann auf dem Fahrrad überholt, ist es windstill. Nur der eisige Blick einer Sechsjährigen schmettert ihm unermüdlich ins Gesicht.

Genpool

Ich glaube, es gibt drei gute Gründe, warum ich so gerne *Game of Thrones* anschaue. Erstens wollte ich insgeheim schon immer langes blondes Haar, zweitens stehe ich Geschwisterliebe nicht grundlegend ablehnend gegenüber, und drittens wollte ich seit ewigen Zeiten einen fliegenden Drachen, um tosendes Feuer auf meine Feinde zu speien.

Nun könnte man kritisch anmerken: Wer hat denn heutzutage überhaupt noch Feinde? Feinde sind doch total fünfzehntes Jahrhundert. Hat man einfach nicht mehr. Wie die Krätze oder Keuschheitsgürtel oder ein MySpace-Profil. Aber Feinde? Ich habe doch keine Feinde. Schon gar keine Erzfeinde. Potenzielle Erzfeinde vielleicht. Aber Horst Seehofer hat doch keine Ahnung, dass ich überhaupt existiere.

Der Einzige, der einem Erzfeind am nächsten käme, wäre Maik Schindler aus der fünften Klasse, der mich in Ethik immer mit einem angespitzten Bleistift gepiesackt und meinen Schulranzen erst auf das Dach der Turnhalle und ein halbes Jahr später in den Rhein geworfen hat. Das ist jetzt kein Erzfeind im klassischen Sinne. Ergo wäre es schon ein bisschen unverhältnismäßig zwanzig Jahre später auf einem Drachen nach Mainz-Bretzenheim zu reiten und dem Maik Schindler völlig überraschend sein Reihenhaus und seine Kleinfamilie abzufackeln. Befriedigend, aber unverhältnismäßig.

Außerdem: allein die Lebenshaltungskosten für so einen Drachen! Ich kann mir kaum vorstellen, dass so ein fliegendes und feuerspuckendes Reptil einen besonders kostengünstigen Stoffwechsel besitzt. Und die Dinger kacken doch! Ich hab eine Zweizimmerwohnung. Mit Duschbad. Ohne Fenster. Wo soll denn da ein Drache hinmachen? Nachher frisst der uns im Hinterhof die Biotonne weg vor lauter Mangelernährung, und kriegt zu guter Letzt noch einen Darmverschluss oder eine Blinddarmentzündung. Und find mal Mittwochnacht in Berlin einen Veterinärmediziner, der ein neunzig Meter langes Fabelwesen operiert. Ambulant. Wegen einer Biotonne.

Ich verstehe natürlich, dass die Sehnsucht nach einer fliegenden und feuerspuckenden Massenvernichtungswaffe nichts anderes ist als der Wunsch nach politischer Macht und Einflussnahme. Ein Drache als Teil der theoretischen Gewaltenteilung: Exekutive, Legislative, Judikative und Dracarys. Jener vielbeschworene Begriff aus *Game of Thrones*, den einer der Hauptcharaktere, Daenerys Targaryen, immer genau dann flüstert, wenn sie will, dass einer ihrer Drachen Feuer spuckt.

Aber ganz ehrlich: Menschen wie ich sollten keine politische Macht besitzen. Schon gar nicht, wenn sie zwei Beine, zwei Flügel und chronisches Sodbrennen hat.

Verstehen Sie mich nicht falsch: Ich bin nicht gefährlich oder bekloppt oder genozidal veranlagt. Ich bin im Grunde ein netter und umgänglicher Kerl, der zwar ziemlich gerne blutige Mittelalterserien anschaut, aber ansonsten Konzepte wie Nationalismus, Rassismus, Sexismus und vor allem Antisemitismus ganz entschieden ablehnt. Aber bedeutet das auch gleich, dass ich noch nie eine schlaflose Nacht damit verbracht habe, eine Liste von, sagen wir, acht Personengruppen anzulegen, die ich bei erstbester Gelegenheit gegen den nächsten Drachen stellen würde?

Nein! Natürlich nicht!

[1]

Leute, die in Berlin, München, Frankfurt oder irgendeiner anderen Großstadt nach einem öffentlichen Verkehrsmittel rennen. Morgens. An einem ganz normalen Werktag. Ich weiß, es ist kurz nach acht, ich weiß, du bist spät dran, weil dich die zweite Tasse Senseo-Kaffee etwas länger an die Kloschüssel gekettet hat als sonst, ich weiß, du bist noch in der Probezeit, und ich weiß, du wurdest in Neumünster sozialisiert oder Olpe oder Zwickau, wo es keine öffentlichen Verkehrsmittel gibt.

Wer aber nach einer Woche Großstadt noch immer nach einer U-Bahn hechtet, die alle vier Minuten kommt. Tut mir leid, aber raus aus unserem Genpool!

[2]

Leute, die sich nach nur zwanzig Sekunden Rolltreppe so sehr an eine Bewegung ganz ohne körperliche Anstrengung gewöhnt haben, dass sie am Ende jeder Rolltreppe erst einmal verdutzt und desorientiert stehen bleiben müssen. Vor allem Touristen- oder Rentnergruppen. Auch am Hauptbahnhof. Wenn gerade die allerletzte S-Bahn einfährt. Und ihnen zwanzig ähnlich desorientierte Leute von hinten in den Rücken geschoben werden. Auch dann. Tut mir leid, aber raus aus unserem Genpool!

[3]

Leute, die zielstrebig und selbstsicher in den nächstbesten dm, Rossmann oder Müller marschieren und ohne lange nachzudenken nach der richtigen Größe Müllbeutel greifen. Die nicht, wie normale Menschen, drei Minuten lang vor dem Regal herumtänzeln und darüber nachdenken, wie viel eigentlich 25 Liter sind. Die nicht versuchen, das Volumen ihres Mülleimers ganz einfach dadurch zu berechnen, dass sie das blöde Ding vor ihrem inneren Auge mit 1-Liter-Flaschen Cola aufgießen, sondern ganz genau wissen: »Ja, 40 Liter, das sind meine!« Leute, die ihr Leben derart im Griff haben, sind entweder absolute Pedanten oder stille Psychopathen. Tut mir leid, aber raus aus unserem Genpool!

[4]

Leute, mit Fjällräven-Rucksack und einem Stoffbeutel der Brunnen-Apotheke Kraichtal, die bei der Bio-Company zwei Pastinaken und eine BioZisch Rhabarber mit der Kreditkarte bezahlen und allen Ernstes nach Payback-Punkten fragen. Tut mir leid, aber raus aus unserem Genpool!

[5]

Leute, die man beim Fahrradfahren überholt, weil sie langsamer fahren als man selbst. Die sich dann aber an der nächsten Ampel wieder vor einen stellen, woraufhin man sie abermals überholen muss. Die dann auch an der dritten oder vierten Ampel ganz plötzlich wieder vor einem stehen. Die in stiller Eile immer weiter auf die Kreuzung rollen, aber dann so langsam durch die Stadt gurken, dass man sie auch ein drittes oder viertes Mal überholen muss, schon aus reiner Wut, auch wenn ständig ausladende Laster an einem vorbeirauschen und der Außenspiegel eines Busses einem um ein Haar die Rübe von den Schultern rammt. Tut mir leid, aber raus aus unserem Genpool!

[6]

Leute, die das binäre System einer ICE-Toilettentür noch immer nicht erfasst haben. Die nicht klopfen, die nicht davon ausgehen, dass es auch andere Menschen auf dieser Welt gibt, die hin und wieder schutz- und wehrlos ihre Notdurft verrichten müssen, Leute die nirgendwo in ihrem Kopf auf die schlüssige Vermutung stoßen, dass eine rote Türverriegelung bedeutet, dass die verdammte Tür verriegelt ist. Sondern die einfach an der Klinke ruckeln, ungestüm und dringlich, wie ein tollwütiger Choleriker, der sich statt der üblichen Betablockerzäpfchen eine halbe Handvoll Napalmdragees in den Enddarm eingeführt hat. Tut mir leid, aber raus aus unserem Genpool!

[7]

Leute, die vom explosionsartigen Aufsprudeln einer versehentlich geschüttelten Wasserflasche so überrascht sind, so *unglaublich* überrascht, dass sie erst einmal in eine tiefe Schockstarre verfallen, anstatt die Flasche einfach wieder zuzudrehen. Leute, denen das immer und immer wieder passiert, deren Reaktionszeit so miserabel ist, dass mir keine, wirklich keine postapokalyptische Welt in den Sinn kommt, in der solche Leute zu irgendetwas zu gebrauchen wären. Tut mir leid, aber raus aus unserem Genpool!

[8]
Leute, die ihre Flaschen im Supermarkt quer auf das Kassenband legen. Deren Flaschen vor und zurück kullern. Die versuchen die physikalische Wirkung durch eine Zucchini oder eine Tüte Haribo einzudämmen. Durch zwei Warentrenner. Oder ganz, ganz clever: Durch andere Flaschen. Ganz dicht an die Flasche gelegt. Leute, die nach Jahren und Jahrzehnten nie auf den Gedanken gekommen sind, sich mal in Ruhe anzuschauen, wie die anderen Leute diese Herausforderung des Alltags so regeln. Dass es hilft, die Flaschen einfach um neunzig Grad zu drehen und dass es vollkommen unnötig ist, die kullernde Flasche vom Anfang des Kassenbands bis zum Kassierer auch noch festzuhalten. Tut mir leid, aber raus aus unserem Genpool!

Ganz persönlich erfülle ich übrigens sechs dieser acht Kriterien. Und natürlich würde ich jederzeit mit sehr gutem Beispiel vorangehen.

In diesem Sinne:
Dracarys

Zwei Hochzeiten und kein Todesfall

Vater Hallo.
Paul Tach.
Vater Hier ist dein Vater.
Paul Ja, Papa, ich weiß.
Vater Bist du zu Hause?
Paul Lass mich kurz nachschauen. Nein. Ich bin im Tauchurlaub. Auf Thailand.
Vater Echt?
Paul Papa, du weißt aber schon, wie ein Festnetzanschluss funktioniert oder?
Vater Deine Mutter spricht nicht mehr mit mir.
Paul Du Glücklicher.
Vater Was?
Paul Egal.
Vater Ich hab gesagt, deine Mutter spricht nicht mehr mit mir!
Paul Warum denn diesmal?
Vater Weil ich sie gefragt habe, ob ich nach ihrem Tod noch einmal heiraten darf.
Paul Papa?
Vater Ja?
Paul Wenn das gerade der Versuch war, mir scho-

nend beizubringen, dass Mutter in absehbarer Zeit versterben wird, dann würde ich dich bitten, aufzulegen und dir beim zweiten Versuch ein bisschen mehr Mühe zu geben.

Vater O.k.

Paul Was?!

Vater Was?

Paul Egal. Geht's euch gut?

Vater Nein!

Paul Was ist denn los?

Vater Na, deine Mutter spricht doch nicht mehr mit mir!

Paul Papa, nach allem, was ich bisher gehört habe, aus gutem Grund.

Vater Ich kann doch nicht für den Rest meines Lebens Single bleiben!

Paul Papa, du bist doch drei Jahre älter als Mama.

Vater Na und?

Paul Und statistisch gesehen leben Frauen viel länger als Männer.

Vater Nein!

Paul Doch!

Vater Aber deine Mutter, die macht doch noch nicht mal Sport!

Paul Aber Papa, du doch auch nicht!

Vater Viel länger?

Paul Was?

Vater Na statistisch.

Paul Ach so, ja, fünf Jahre ungefähr.

Vater	Aber doch nicht in Japan!
Paul	Was?
Vater	Na, nicht in Japan!
Paul	Sagt wer?
Vater	Das hab ich mal gelesen.
Paul	Wo bitte?
Vater	Na, in den Nachrichten!
Paul	Papa, ich hab es dir einmal gesagt, und ich sag es immer wieder: Die Newsletter von GMX sind keine Nachrichten.
Vater	Das mit Japan stimmt aber!
Paul	Meinetwegen. Ihr wohnt aber nicht in Japan.
Vater	Dann ziehen wir halt um!
Paul	Du, Papa, so funktioniert Statistik nicht!
Vater	Ich darf also nicht nochmal heiraten?
Paul	*(Stille.)*
Vater	Hallo?
Paul	Also, für den wirklich unwahrscheinlichen Fall, dass Mutter wirklich vor dir sterben sollte …
Vater	Aha!
Paul	… und zwar eines ganz *natürlichen* Todes, dann, aber nur dann, darfst du meinetwegen heiraten, sooft du willst.
Vater	Kannst du das bitte genau so deiner Mutter sagen?
Paul	Auf keinen Fall!
Vater	Ich geb dich gerne weiter.
Paul	Bitte nicht.

Vater Nur kurz!
Paul Papa, ich leg jetzt auf.
Vater *(Brüllt.)* Dein Sohn ist einverstanden!
Paul PAPA!
Vater Deine Mutter spricht wieder mit mir.
Paul Na super. Und was sagt sie?
Vater Dass sie nicht mehr spricht mit dir.
Paul War ja klar.
Vater Sie will noch wissen, wie du eigentlich beerdigt werden möchtest.
Paul Wirklich, sehr witzig.
Vater Das haben wir uns letztens schon gefragt.
Paul Was?
Vater Na, wie ihr Kinder wohl beerdigt werden möchtet.
Paul Du, Papa, ich hoffe du nimmst mir das nicht übel, aber eigentlich habe ich die stille Hoffnung, dass du vor mir stirbst.
Vater Das ist ja lustig.
Paul Danke.
Vater Genau das Gleiche hat deine Mutter auch zu mir gesagt.
Paul Können wir jetzt bitte aufhören über den Tod zu sprechen?
Vater Wir reden aber viel zu selten über so was!
Paul Na und? Wir reden auch viel zu selten über Menstruationsbecher.
Vater Was sind denn Menstruationsbecher?
Paul Frag das mal lieber deine Frau.

Vater *(Brüllt.)* Paul will in einem Menstruationsbecher beerdigt werden!

Paul PAPA!

Vater Was denn!?

Paul Du wirst dir doch wohl denken können, was ein Menstruationsbecher ist!

Vater Deine Mutter sagt, sie spricht nicht mehr mit uns.

Paul Dann musst du Hannah fragen.

Vater Wen?

Paul Deine Tochter.

Vater Du glaubst wohl, wir leben hinterm Mond.

Paul Ja. Bedauerlicherweise nicht hinter unserem.

Vater Ich weiß ganz genau, was ein Menstruationsbecher ist!

Paul Jaja, lass mich raten: Hast du bei GMX gelesen.

Vater Nee! Ich weiß sowas einfach.

Paul Woher?

Vater Na, deine Mutter. Die hat doch auch mal menstruiert.

Paul LALALALALA.

Vater Was denn!?

Paul Ich muss jetzt auflegen. Ganz dringend.

Vater Wieso?

Paul Über den Tod nachdenken.

In der Not frisst der Teufel Spargel

Als vor wenigen Wochen eine Anfrage aus Beelitz über meine Agentur ins Haus geflattert kam, mit der sonderbaren Anrede »Lieber Kleinkünstler & Spargelfreund«, da hätte man eigentlich erahnen können, dass es beim traditionellen Spargelessen des Lions-Club Beelitz-Schlunkendorf Spargel geben würde.

Umso überraschter bin ich, dass der etwas trübsinnige Pantomime namens Hubert, der auf der vorderen Sitzbank hockt, verunsichert durch die Frontscheibe starrt und leise, aber unablässig vor sich hinmurmelt: »Hoffentlich gibt es keinen Spargel.«

Der Lions-Club Beelitz-Schlunkendorf, ein karitativer Männerbund, scheint über ungewohnt hohe Finanzmittel zu verfügen. In dem brandneuen Reisebus, der uns am U-Bahnhof Osloer Straße eingesammelt hat, sitzen neben Hubert und mir zwölf Frauen in märkischer Tracht, zwei etwa dreizehnjährige Standardtänzer mit erschreckend unnatürlicher Gesichtsbräune, ein großer Haufen gegerbtes Leder, der sich bei näherer Betrachtung als schlafende Country-Musikerin herausstellt und möglicherweise, aber nur möglicherweise, ein bekannter deutscher Kolumnist, der zum Schutze seiner

Person nicht weiter Erwähnung finden soll und in diesem Text *einmalig* als Marald Hartenstein bezeichnet wird.

15 Uhr

Für die zwei Kilometer von meiner heimischen Kreuzung bis zur Stadtautobahn brauchen wir lächerliche dreißig Minuten. Langsam, sehr langsam, zieht im Anschluss Brandenburg an uns vorüber. Es scheint keinerlei Zivilisation zu geben. Ein verwittertes Schild an der Landstraße preist »Unkraut zum Selberpflücken«. Die einzige auffindbare Tankstelle wird von einer Kleinfamilie Bisamratten betrieben. Aus dem Bus heraus sehen wir einen verwilderten Mann im hohen Gras, der mit seinem Mund eine Wildente gerissen hat.

»Mögen Sie keinen Spargel?«, fragt unser Busfahrer den Pantomimen.

»Nein«, sagt Hubert. Sein Gesicht ist leer und ausdruckslos.

»Waren Sie denn schon mal in Beelitz?«, fragt der Busfahrer.

»Nein«, sagt Hubert. Man könnte ihm vorwerfen, ein wenig wortkarg zu sein. Aber na ja. Er ist Pantomime.

»Es gibt da halt so eine Sache, für die Beelitz wirklich bekannt ist«, sagt der Busfahrer. »Also jetzt nicht nur so ein bisschen, sondern deutschlandweit bekannt.«

»Wie der Spreewald für die Gurken!«, ruft eine der

Frauen in märkischer Tracht aus der letzten Bank dazwischen.

»Nein«, sagt der Pantomime.

»Falsch!«, ruft der Busfahrer. »Spargel. Und dreimal dürfen Sie raten, was es beim alljährlichen Beelitzer Spargelessen zu naschen gibt.«

»SPARGEL!«, rufen die Landfrauen johlend durch den Bus.

Hubert erhebt sich schwerfällig von seinem Sitz, stellt sich in den Gang und beginnt mit einer pantomimischen Einlage. Die märkischen Landfrauen brechen in spontanen Applaus aus, anhaltend, so lange bis es ihnen dämmert. Denn Hubert führt ein fiktives Seil um einen fiktiven Balken, bindet eine unsichtbare Schlinge daraus, legt sie sich langsam um den Hals, bevor er sich mit versteinerter Miene zwei Finger in den Mund steckt, abdrückt und scheintot, aber leicht baumelnd in der Schlinge zusammensackt. Die Stimmung kocht.

17 Uhr

Ankunft auf dem Kultur- und Partygestüt Beelitz. *Partygestüt*. Selten wurde der Schönheit der deutschen Sprache ein treffenderes Denkmal gesetzt als mit dem Begriff *Partygestüt*. Als wir aus dem Bus steigen, werden wir mit einem Gläschen Bowle begrüßt. Spargelbowle, wie sich herausstellt. Hubert der Pantomime geht in den Dienstmodus über und mimt zuerst einen Betrunkenen, wenige Sekunden später einen fabulösen Brechreiz.

Mit unsicherem Gang kommt eine schlecht geschminkte Dragqueen auf uns zumarschiert. Bei näherer Betrachtung stellt sich die auftoupierte Person dann doch nicht als Reminiszenz an den deutschen Grand-Prix-Beitrag von 1986 heraus, sondern als Beelitzer Spargelkönigin. Bei noch näherer Betrachtung übrigens als biologisch weiblich. Besonders erwähnenswert sind auch ihre Beelitzer French Nails im ansprechenden Spargellook. Leider traurig. Leider wahr.

18 Uhr

Beginn der eigentlichen Veranstaltung. Formlose Grußworte der Spargelkönigin. Die Frau hat das Temperament und die Lebensfreude eines Briefmarkenautomaten. Zum Glück ist sie wenigstens inhaltlich gut vorbereitet. Selten einen so weitschweifenden Vortrag über die Kulturgeschichte des mitteleuropäischen Gemüsespargels gehört. Einziger Kritikpunkt: Ihr Vortrag wirkt ein wenig – Achtung Spargelwitz – hölzern.

Es folgen die Märkischen Landfrauen aus Hohenschönhausen. Die zwölf Damen werden schamlos als das *Original Beelitzer Spargelballett* angekündigt. Ihre Tanzeinlage ist überraschend freizügig. Von Bauernballett bis Burlesque in unter sechzig Sekunden. Höhepunkt der kleinen choreographischen Einlage: Die Damen schwärmen aus und lassen sich von jedem der anwesenden Lions-Club-Mitglieder einen geschälten Spargel in ihr weiches Weidenkörbchen legen. Hubert der Pantomime hält den beiden dreizehnjährigen Standardtänzern die Augen zu. Zum Abschluss wird ein Aperitif gereicht. Mit Gruß aus der Küche. Ein Aperol Spargel Spritz. Leider traurig. Leider wahr.

19 Uhr

Kurze Zeit später werden die Vorspeisen gereicht. Eine brunftige Beelitzer Küchenkraft lässt schwere Teller auf unseren Tisch gleiten. Hubert der Pantomime beugt sich über sein Essen und blickt panisch in die Runde. Es gibt Sommerrollen mit Spargel.

»Spargel, Herr Hubert«, flüstert der Busfahrer.

»Ach nee!«, sagt die Beelitzer Küchenkraft und lässt in einer möglichst unerotischen Geste eine letzte halb weiche Spargelstange auf meinen Teller plumpsen.

19.30 Uhr

Zweiter Gang. Spargelsuppe. Musikalisch untermalt wird der Abend übrigens von der Frau in gegerbtem Leder. Eine Musikerin namens K.C. Jackson. Klingt im ersten Moment wie eine schwarze Frau mit Reibeisenstimme aus New York oder Chicago. Ist aber eine Brandenburgerin aus Eberswalde mit Cowboyhut, Akustikgitarre und Schilddrüsenüberfunktion. K.C. Jackson sieht ein bisschen aus, als könne sie in Wirklichkeit Renate Jakubowski heißen. Überraschung: Tut sie auch.

Nach etwa fünfzehn Minuten hat Misses Jackson ihr erstes musikalisches Set beendet. Drei Coverversionen bekannter Pop- und Countrysongs. Es starben in folgender Reihenfolge: Dolly Parton, Eric Clapton und bereits zum zweiten Mal in seinem Leben Johnny Cash. Was nicht zuletzt daran liegt, dass gut die Hälfte aller anwesenden Beelitzer noch nie etwas vom Flugmodus gehört hat und hier, südlich der Havel, keine ordinären Klingeltöne, sondern der aktuelle Sommerhit »Hoch auf dem gelben Wagen« Verwendung findet. Trotzdem sei Frau Jakubowskis erstaunliche musikalische Leistung gewürdigt, das Lied »Tears in Heaven« von Eric Clapton noch trauriger zu machen, als es ohnehin schon ist.

20 Uhr

Beginn meiner kleinen literarischen Einlage. Die fünfzehn Minuten dauernde Lesung mit den Worten »ging so« zusammenzufassen wäre ein blanker Euphemismus. Die Stimmung war so ausgelassen, man hätte einen Spargel fallen hören können. Wenn der Helene-Fischer-Discomix aus der angrenzenden Großküche nicht so laut gewesen wäre.

In die Schlusspointe meines Textes hinein wird der

Hauptgang serviert. Es gibt zur Überraschung aller Anwesenden Spargel. Der Pantomime greift sich einen ungeschälten Spargel aus der Tischdeko und nimmt den Busfahrer als Geisel. Vergeblich.

Zum Glück werden zum Spargel auch Beilagen gereicht. Schnitzel, Fisch und dicke Scheiben Schinken. In einem unauffälligen Moment befreie ich den guten Hubert von seinem Stangengemüse. Zwei Minuten später kommt die Küchenkraft an unseren Tisch. »Dit is aber Appetit«, sagt sie und lässt ein halbes Dutzend Spargelstangen auf seinen Teller gleiten. »Sie kleenet Spargelmäulchen, Sie.«

20.15 Uhr

Der Busfahrer streut das Gerücht, die Beelitzer Spargelkönigin würde nicht gewählt, sondern dadurch bestimmt, dass der Bürgermeister von Beelitz den ersten Spargel der Saison in eine Gruppe von Jungfrauen werfe. Wer den Spargel fängt, darf regieren. Leider traurig. Leider wahr.

20.30 Uhr

K.C. Jackson stimmt ihr zweites musikalisches Set an. Zwei Drittel des Lions-Clubs Beelitz-Schlunkendorf erheben sich, um draußen vor der breiten Fensterfront sehr auffällig zu rauchen. Eine oder zwei oder drei. Darunter sieben Nichtraucher. Auch Hubert steht draußen vor dem Fenster und zieht an einem Spargelstumpf.

Mir fällt auf, dass am rückseitigen Halsausschnitt vom nietenbesetzten Oberteil von Frau Jakubowski ein großes weißes Preisschild baumelt. Moralische Zwickmühle. Eigentlich wäre es angebracht, Frau Jakubowski in polnischer oder kleinkünstlerischer Verbundenheit unauffällig darauf hinzuweisen. Aber was, wenn sie das Preisschild absichtlich nicht abgemacht hat? Damit sie das Oberteil morgen früh wieder zurückgeben kann, weil die Zwillinge Tupac-Tamino und Gunter-Gabriel sonst keine Happy Meals zum Geburtstag bekommen, sondern nur aufgewärmte Spargelreste? Ich beschließe, nichts zu sagen, und lausche in kollegialer Contenance, wie Kurt Cobains musikalisches Erbe mit einer Countryversion von »Smells like Teen Spirit« zu Grabe getragen wird.

21 Uhr

Die beiden dreizehnjährigen Standardtänzer beginnen ihr Set mit dem klassischen Foxtrott »I like big butts and I can not lie«. Woraufhin Hubert der Pantomime nach meiner rechten Hand greift, um sich selbst damit die Augen zuzuhalten. »Hubert, bitte nehmen Sie meine Hand da weg.«

21.30 Uhr

Der Nachtisch wird gereicht. Spargel Helene mit Spargel-Karamell-Mousse und einem winzigen Spargelmacaron. »Tut mir leid, aber da müssen Sie alleine durch«, will ich Hubert dem Pantomimen zuflüstern. »Aber wo ist Hubert?«, raune ich unserem Busfahrer am Ende des Künstlertisches zu. »Spargel stechen«, sagt der Busfahrer und deutet durch die Fensterfront in Richtung Parkplatz. Und tatsächlich. Kurz ist mir, als sähe ich dort drüben in der Dunkelheit Hubert den Pantomimen und die brunftige Beelitzer Küchenkraft im Gebüsch verschwinden. »Na, so ein Spargelmäulchen«, denke ich.

Mein kleines Tourtagebuch / Sommerpause

01

Die meisten meiner Freunde fahren in den Urlaub, ich zu meiner ersten Prostatakrebsvorsorge. Die etwa hundertjährige Westberliner Proktologin hat erstaunlich flinke Finger und sagt beim ersten Blick auf meinen Allerwertesten »Hallöchen Popöchen«.

02

Als ich am frühen Morgen die Vorhänge beiseiteziehe, steht ein stämmiger Gerüstbauer vor meinem Fenster im zweiten Stock und starrt mich an.

»Tach!«, ruft er mir entgegen.

»Guten Morgen«, antworte ich.

»Dit muss Ihn' jetzt nich' unanjenehm sein.«

»Neenee. Ich hab zum Glück was an.«

»Ja, zum Glück!«

»Sehr charmant!«

»Nich' persönlich nehm'. Witzchen am Morgen.«

»Schon okay. Wenn Sie und Ihre Jungs einen Kaffee wollen, einfach klopfen.«

»Dit kommt druff an. Ham' Se Sojamilch?«

»Äh, nee.«

»Dann gern.«

03

Neuer Rewe in der Müllerstrasse. Mein erster Einkauf umfasst zwei eher ungewöhnliche Produkte: ein Peppa-Wutz-Puzzle-Buch und ein halbes Kilo Schweinehack. Der Kassierer grinst: »Zwee Mal dit Schweinepuzzle. Een ma' einfach, een ma' schwer.«

04

Wer hätte das gedacht? Ein Date! Das vierte in zwei Wochen. Zu meinem eigenen Erstaunen mit dem immer gleichen Typen. Ich tippe auf beiderseitige Torschlusspanik, kann aber nichts beweisen. Läuft allerdings ganz gut bisher. Er bouldert nicht; wohnt fußläufig; hat keines meiner Bücher gelesen; besitzt einen Account für Netflix, Sky und Amazon; hat weder gefragt, in welchem Haus bei Harry Potter ich gewesen wäre, noch beim Liebesspiel irgendwelche Anstalten gemacht, unauffällig bis beiläufig auf meine Segelohren zu ejakulieren. Außerdem findet er gemeinsam kochen »verabscheuungswürdig« und hat sich seit unserem ersten Rendezvous gemerkt, was meine Lieblingstiefkühlpizza ist.

Ich möchte nicht behaupten, dass er ein absoluter Jackpot ist, aber eine weibliche Stimme mit schlesischem Akzent, irgendwo ganz hinten in meinem Kopf, flüstert die ganze Zeit »heiratenheiratenheiraten«.

05

Kiosk an der Müllerstraße:

»Guten Morgen. Haben Sie die ZEIT?«

»ZEIT jeht nur bis Mitte.«

»Wie bitte?«

»ZEIT jeht nur bis Mitte. Mitte jeht bis Schwartzkopffstraße.«

»Verkauft die sich hier nicht?«

»Wo?«

»Im Wedding.«

»Wat denken Sie denn?«

»Warum nicht?«

»Weil keen Sternburg drin is'.«

06

Was gibt es Schöneres, als den Tag mit einer schnellen Runde durch den Park zu beginnen? Kleiner Sprint zum Plötzensee, kurzer Sprung ins kühle Wasser, dann nach Hause, duschen und ab an den gut gefüllten Schreibtisch? Das oder etwas Ähnliches müssen sich die sechs bis sieben seligen Jogger wohl gedacht haben, bevor sie am Wegesrand diese Mitleid erregende Person erblickt haben, die gestern Abend an der Plötze beim dreißigsten Geburtstag ihres besten Freundes zu viel selbst gemixte Weißweinschorle gesüffelt, gegen drei Uhr morgens auf dem Heimweg in die Büsche gebrochen, dann gute vier Stunden auf dem WG-Sofa der neuen Nachbarn gepennt und irgendwo dazwischen ihren Haustürschlüssel verloren hat. Diese traurige Person, die jetzt, am frühen Morgen, reumütig durch das feuchte Unterholz streift. Auf der aussichtslosen Suche nach einem laubfarbenen Schlüsselbundetui. Wir dürfen verraten: Es braucht noch eine halbe Stunde, bis man fündig wird. Beschämenderweise in der eigenen Jackentasche, dieser komischen nutzlosen am rechten Oberarm, die man so gut wie nie benutzt. Wahrlich, was gibt es Schöneres?

07

Eigentlich habe ich dem weiblichen Geschlecht zumindest in romantischer Hinsicht schon vor vielen Jahren abgeschworen. Einzig bei der etwa sechzig Jahre alten Krankenschwester, die mir seit meiner ersten Lesereise jedes Jahr aufs Neue meine jährliche Grippeschutzimpfung in das dünne Ärmchen rammt, würde ich mit mir reden lassen. Warum? Darum:

»Ick muss Ihn' jetzt nicht sagen, dass Sie heut' keen' Sport mehr machen dürfen, wa?«

»Nönö«, sage ich.

Dann schauen wir uns an und fangen zeitgleich an zu lachen. Lange, herzlich, ausgelassen.

08

Der Verlag wünscht sich neue Autorenfotos von mir und lässt eigens einen Hamburger Fotografen anreisen.

Auszug aus einem unterbelichteten Gespräch:

»Herr Bokowski?«

»Ja?«

»Würden Sie für das Foto vielleicht auch kurz Ihre Mütze abnehmen?«

»Das geht leider nicht. Ich fühle mich sehr nackt ohne meine Mütze.«

»Würden Sie sich weniger nackt fühlen, wenn ich mir auch etwas ausziehe?«

»Sie dürfen das nicht persönlich nehmen, aber ohne Mütze kann ich nicht.«

»Hemd oder Hose?«

»Bitte keine leeren Versprechungen!«

»Hemd oder Hose?«

»Dann die Hose. Aber Sie trauen sich sowieso ...«

»Brauchen Sie einen Kamm?«

»Ja, bitte.«

»Und jetzt wieder zu mir in die Kamera gucken. Danke.«

09

Gute Neuigkeiten: Heute Morgen ist endlich mein Brief für Hogwarts angekommen. Na ja. Für den deutschen Ableger »Mollefutz am Rieselfeld«. Lag fünfundzwanzig Jahre beim Nachbarn im rechten Seitenflügel, weil Herr Eule von der Deutschen Post »Brszoszowski« und »Bokowski« nicht auseinanderhalten konnte. Die »Polytechnische Lehranstalt für Zauberzeug und magisches Gedöns« liegt in der Plönzeile in Oberschöneweide. Der geheime Eingang befindet sich im Wohnhaus Nummer 31, Vorderhaus, auf halber Treppe, im alten Außenklo von Erxleben & Klemke. Das mit dem Aufkleber vom SC Dynamo Berlin von 1966 und den sieben falsch gemalten Hakenkreuzen. Ich teile mir das Zimmer mit Achim aus Radibor bei Bautzen. Achim ist im sechsten Jahr und kann sich schon in einen wackeligen Stuhl verwandeln. Aber leider nur in ein KOMBINAT Betriebsmodell 44/7 im Farbton Apfelsine. Mein Bügelbrett hat beim Fliegen einen leichten Rechtsdrall und mein Umhang riecht nach Chlor, Moschus, Bratenfett und ist so verzaubert, dass er auch im Winter noch angenehm klamm ist. Die beiden Hauselfen Ingeborg und Gertraude bestellen die beste Pizza Hawaii der Welt. Auch wenn Claire, Raoul oder Ilja von Lieferando immer ewig brauchen, bis sie die Sache mit dem SC-Dynamo-Aufkleber verstanden haben. Ich muss jetzt leider los. In zehn Minuten haben wir »Bürokratische Verteidigung gegen die dunklen Künste« und ich muss noch meinen Niffelpfiff akkumantilieren.

Kinder, die auf Puppen starren

Mein Kumpel Karsten ruft an. Ob ich nicht Lust hätte, mit ihm und seiner Tochter ins Puppentheater zu gehen. Seine Frau Anke sei krank, er habe folglich eine Karte übrig, wolle sie aber ungern über eBay Kleinanzeigen anbieten, weil er beim letzten Mal so verstörende Zuschriften bekommen habe. Ich zögere. »Es gibt auch Bier«, sagt Karsten. Kurz bin ich entrüstet, dass er der Auffassung zu sein scheint, ich bräuchte Alkohol, um an einem Ausflug zum Puppentheater Oberschöneweide Spaß zu haben. Dann sagt er: »Wenn wir die S-Bahn nehmen, muss nur die Kleine nüchtern bleiben. Die kennt den Weg nach Hause.«

In diesem Sinne: herzlich willkommen in Oberschöneweide. Die anwesenden Eltern können grob in zwei Gruppen unterteilt werden. Zuerst die indigene Bevölkerung, die man an ihren kantigen Kurzhaarschnitten erkennt und daran, dass sie die biografischen Eckdaten ihres Nachwuchses auf den Unterarm tätowiert hat. Wenn ich die Frakturschrift richtig entziffere, sind *Oskar* und *Frieda* aktuell die beliebtesten Vornamen in dieser rational befreiten Zone. Dicht gefolgt von den Klassikern Justin, Tamara, Blut und Ehre. Der oder die kleine Ehre hatte übrigens vor vier Monaten Geburtstag. Passenderweise am 20. April. Gruppe zwei dagegen sind zugezogene Jungeltern aus dem Westen. *Jungeltern* heißt in diesem Falle Mitte-Ende-dreißig und *aus dem Westen*: Weißensee, Lichtenberg oder im besten Falle aus dem Friedrichshain.

Was beide Gruppen eint: Sie halten Karsten und mich für ein schwules Paar mit Kind, was zumindest zwei der anwesenden Muttis Tränen der Rührung in die Augen treibt, einem der märkischen Glatzköpfe allerdings eine etwas unschöne Zornesröte in das grobschlächtige Gesicht. Ich will aber mal nicht so sein: Vielleicht ist der Gute nur Allergiker, der heute Morgen vergessen hat, sein Antihomohistamin einzuschmeißen. Die beiden Betreiberinnen des Kindertheaters sind sehr angetan von unserer Gegenwart. Schwule Eltern aus dem Wedding, davon habe man gehört, es aber nicht für möglich gehalten. Wir zahlen nur die beiden Hefeweizen, die Haferkekse und der Kinderkakao gehen anscheinend aufs Haus. Karsten gibt zu, dass er sich an derlei Privilegien durchaus gewöhnen könnte. Dann erscheint ein transidentitäres Paar mit Zwillingen und Migrationshintergrund. In Sachen Diversity laufen uns die beiden ganz mühelos den Rang ab. »ArschlöcherInnen«, denke ich.

Das Puppenstück, das heute Nachmittag kredenzt wird, trägt übrigens den klingenden Titel *Titti und Moschi fin-*

den einen Wurm. Weiß der Geier, warum Karsten das nicht bei eBay Kleinanzeigen einstellen wollte. Sollte ich jemals an einer Schreibblockade leiden, werde ich genau das tun. »Hey Leute, wegen Krankheit abzugeben: Eine Eintrittskarte für das Kinderpuppenstück *Titti und Moschi finden einen Wurm.*« Und dann zurücklehnen und einfach mitschreiben, während das Internet implodiert.

Dass Karsten und seine Frau Anke bei der Erziehung ihres Sprösslings eine ganze Menge richtig gemacht haben, dämmert mir schon lange, als die Vierjährige aber verlangt in der letzten Reihe zu sitzen und auf unsere Frage nach dem *Warum* antwortet »Da sieht man weniger«, beschließe ich den beiden und ihrem Nachwuchs ein literarisches Denkmal zu setzen: voilà.

Es gibt diverse sichere Anzeichen, dass das Stück in wenigen Momenten beginnt. Allen voran die Tatsache, dass das Saallicht mit einem Kippschalter sehr kunstvoll und fließend von hundert auf null Prozent hinuntergedimmt wurde. Zweites sicheres Anzeichen ist ein offensichtlich GEMA-freies Kinderlied, das aus beiden Aktivboxen dröhnt. Wenn ich mich richtig an Dante Alighieris *Göttliche Komödie* erinnere, sind Siebziger-Jahre-Kinderchöre der fünfte Kreis der Hölle. Das letzte Anzeichen sind die sechs umliegenden Familienväter, die gerade gleichzeitig ihre Smartphones gezückt haben, um in der kommenden Stunde das Erbe ihrer Kinder beim Online-Poker zu verballern.

Es beginnt: der erste Akt. Wir befinden uns in der Zweck-WG von Titti und Moschi. Titti ist ein Hund, Moschi eine Katze, was man beides bestenfalls erahnen kann. Titti und Moschi sehen gelinde gesagt etwas ungewöhnlich aus. Das könnte natürlich stiller Protest sein gegen Lookismus, Speziesismus und die stereotype Darstellung von zwangsdomestizierten Wildtieren. Oder aber der Tatsache geschuldet sein, dass die geheimnisvolle Puppenspielerin im Erstberuf bei der Berliner Stadtreinigung arbeitet und sechs- bis siebenhundert Upcycling-Videos zu viel gesehen hat. »Hallo Leute, ich bin's wieder. Euer Puppenmacher aus Sindelfingen. Heute zeige ich euch, wie ihr aus einem alten Gummihandschuh, schwarzem Industrieklebeband, sechs Pfeifenreinigern und einem toten Waschbären eine total lustige Handpuppe zaubert. Und das alles in unter drei Minuten!«

Die Handlung des ersten Aktes ist schnell erklärt: Titti und Moschi leben in einer heteronormativen Ehe und sind, allem Anschein nach, von Haus aus vermögend oder langzeitarbeitslos. Letzteres würde erklären, warum ihr Haus aus einem alten Kühlschrankkarton besteht, warum Moschi in einer alten Obstkiste nächtigt und der Kachelofen weder warm noch dreidimensional ist. Moschi möchte heute die Wohnung putzen, ärgert sich aber, dass Titti, anstatt mitzuhelfen, hinter besagtem Kachelofen liegt und schläft. Sie versucht ihn aufzuwecken. Erst liebevoll, dann ein Stück bestimmter, abschließend mit roher Gewalt und diversen stumpfen

Gegenständen. Einigen der anwesenden Männer kommt die Szene unangenehm vertraut vor. Ihre Frauen nicken bestätigend. Nur die Kinder feiern das Konzept der häuslichen Gewalt. Als Titti aus dem Tiefschlaf aufschreckt und dabei Moschi versehentlich bewusstlos schlägt, kennt die Begeisterung der Kinderschar kein Halten mehr. Ein Junge aus der zweiten Reihe bepieselt sich vor Lachen, woraufhin ein neues GEMA-freies Kinderlied eingeschoben werden muss, bis das Kind trockengelegt und der erstaunlich große Wasserschaden beseitigt ist.

Ob das Kind von Karsten an der ganzen Chose seinen Spaß hat, ist schwer zu sagen. Zumindest wirkt es ruhig und konzentriert, bis uns auffällt, dass sein Blick nicht etwa der fabulösen Inszenierung folgt, sondern einer Episode *Shopping Queen* auf einem Smartphone eine Reihe weiter vorn. Einem Smartphone, das lustigerweise dem grobschlächtigen Homophobiker mit der auffälligen Doppelrune auf dem Unterarm gehört. Ich wiederhole: *Shopping Queen*. Jedem Salutierchen sein Pläsierchen.

Akt zwei beginnt: Titti und Moschi finden einen Wurm im Garten. Die Kinder sind verwirrt. Sie sehen keinen Wurm. »Seht ihr den Wurm?«, fragt Titti in die Runde. »Nein!«, rufen die Kinder wahrheitsgemäß zurück. »Doch«, ruft Titti. »Nein!«, wiederholen die Kinder. »Was seht ihr dann?«, fragt Moschi. »Bist du doof?«, ruft ein Kind in die Stille hinein. »Das ist 'ne Socke!« Tatsächlich erinnert die hautfarbene, ausgestopfte Wulst weniger an einen Wurm als in verstörender Weise an etwas anderes, an etwas allzu anderes. »Hallo, Leute, ich bin's wieder. Euer Puppenmacher aus Sindelfingen. Heute zeige ich euch, wie ihr aus einer alten Socke, zwei flauschigen Filzlippen und einem halben Kilo Hackfleisch eine total erotische Handpuppe zaubert. Und das alles in unter drei Minuten!« Die Stimmung kippt, was nicht einmal durch den kreativen Einsatz eines Zweijährigen gebremst werden kann. Der leicht bekleidete Junge watschelt auf die Bühne, verkrallt sich in der Pappkulisse und presst in aller Seelenruhe und mit äußerst ausdrucksstarker Miene einen großen brauen Wurm in seine Windel. Früh übt sich, was ein Theaterkritiker der FAZ werden will.

Nach einer Wickelpause und einer psychedelischen Version von »Hänschen klein« folgt schlussendlich Akt drei. Zur Überraschung aller sitzen Titti und Moschi bei einem Psychotherapeuten und reden über ihre Ehe. Moschi begründet ihr cholerisches Verhalten damit, dass ihre Beziehung auch nach fünfzehn Jahren kinderlos geblieben sei. Titti entschuldigt sich, weist aber darauf hin, dass er anatomisch eben etwas unvollständig ist. Moschi gibt sich einsichtig. Sie könne sich ihre Neigung zur Gewalt doch auch nur schwer erklären. Manchmal, so sagt sie, fühle es sich an, als stecke tief in ihrem Inneren eine fremde Hand, die sie lenkt und kontrolliert.

Plötzlich knufft mich Karsten in die Seite und reißt mich aus dem Schlaf. Anscheinend bin ich eingenickt und habe den eigentlichen dritten Akt verpennt. Jackpot, denke ich. »Jackpot«, flüstert Karsten. »Jackpot«, ruft einer der Poker spielenden Familienväter lautstark in die Runde.

Zu guter Letzt liest Moschi ihrem Titti noch zwei lizenzfreie Märchen der Gebrüder Grimm vor, um die versprochene und vorfinanzierte Stunde vollzumachen. Der Applaus ist dürftig. Uns allen dämmert, dass hier nicht nur Titti übers Ohr gehauen wurde. Am Ende dürfen sich die Kinder einzeln von der Puppenspielerin verabschieden. Das Angebot wird sehr sporadisch wahrgenommen, nur unser Kind lässt es sich nicht nehmen. »Sind das deine beiden Papas?«, fragt die Puppenspielerin. »Der nicht!«, sagt das Kind und zeigt auf mich. »eBay Kleinanzeigen«, sage ich. Die Puppenspielerin weicht einen halben Schritt zurück. »Die Mama ist krank«, ruft das Kind dazwischen. »Schade«, sagt die Puppenspielerin. »Du kannst der Mama ja zu Hause davon erzählen«, sagt Karsten versöhnlich. »Sehr gerne!«, sagt die Puppenspielerin und reicht dem Kind die Hand zum Abschied. »Das geht nicht«, sagt das Kind. »Ich bin ganz schön vergesslich.« Dann läuft es langsam aus dem Saal. Man setze ihm ein Denkmal.

Selbstabholer, kein Versand

Ich habe meinen alten Schreibtisch bei eBay Kleinanzeigen eingestellt. In der gutmütigen Hoffnung, dass sich irgendjemand aus der Nachbarschaft für meinen treuen Weggefährten begeistern kann. Guter Zustand. 50 Euro Festpreis. Nur an Selbstabholer. Kein Versand. Es folgt ein Trauerspiel in zehn kleinen Akten.

1 / Greta

Greta	Hallo, was kostet der Versand?
Paul	Hallo, Greta. Nur an Selbstabholer. Tut mir leid.
Greta	Ja schön, aber was kostet der Versand?
Paul	Liebe Greta, wie in der Anzeige angegeben verkaufe ich den Tisch an Selbstabholer. Also kein Versand. Tut mir leid.
Greta	Dann vielen Dank für gar nichts, du blödes Arschloch.
Paul	Liebe Greta, aber gerne doch. Alles Liebe, Paul.
Greta	Ganz im Ernst: Wie scheiße kann man sein?!?

Paul	Okay.
Greta	Immer diese Leute, die erst verkaufen wollen und dann im letzten Moment einen Rückzieher machen!
Paul	Ich wünsche dir auch noch einen schönen Tag.
Greta	Du blöder Vollpfosten kannst dir deinen schönen Tag und deinen beschissenen Schreibtisch in deinen fetten Arsch schieben.
Paul	So beschissen ist der gar nicht.
Greta	Und dann noch in diesem Ton, DU ARSCHFICKER!!!1!

2 / Siegmund

Hallo. Ich bin nicht sonderlich an Ihrem Artikel interessiert. Aber könnten Sie sich vorstellen, einem gut gepflegten Mann Mitte 50 einen kleinen Gefallen zu tun? Würden Sie mir ein ansprechendes Bild Ihrer nackten Füße zusenden? Nach Möglichkeit ohne Blitz oder künstliche Beleuchtung. Eine besonders große Freude würden Sie mir machen, wenn Sie Ihre nackten Füße auf einem neutralen Untergrund ablichten könnten. Einem laublosen Waldweg zum Beispiel, ungemustertem Linoleum oder zur Not ganz einfach auf Crottendorfer Marmor. Ihrer Kreativität sind keine Grenzen gesetzt.

3 / Lukas

Lukas	20.
Paul	Hallo, Lukas, der Preis ist leider nicht verhandelbar.
Lukas	Bitte. 20.
Paul	Hallo, Lukas, der Preis ist leider nicht verhandelbar.
Lukas	30.
Paul	Lieber Lukas, der Preis ist wirklich nicht verhandelbar.
Lukas	Du bis ein dumer Spoze.
Paul	Kommst du aus Nürnberg?
Lukas	Wieso!?
Paul	Ich kenn den Begriff *Spotze* nur aus Mittelfranken. Außerdem lässt deine Rechtschreibung zu wünschen übrig.
Lukas	Was wilst du? Ich schraib nomal.
Paul	Geht so, Lukas, geht so.
Lukas	Komm, 40.
Paul	Hallo Lukas, der Preis ist leider nicht Verhandlungssache.
Lukas	Komm, mach 40.
Paul	Nur wenn du mir versprichst, ab jetzt jeden Tag an meinem alten Schreibtisch zu sitzen und brav an deiner Rechtschreibung zu arbeiten.
Lukas	Du bis würklich ein dumer Spoze.
Paul	Genau das meine ich, Lukas.
Lukas	Was?

Paul	Spotze zum Beispiel ist ein feminines Substantiv. Die Spotze. Eine Spotze.
Lukas	Ok ok. Du bis eine dumer Spoze.

4 / Marion

Marion	Hallo, Paul, ich find den Schreibtisch super! Liebe Grüße, Marion
Paul	Hallo, Marion. Vielen Dank. Liebe Grüße, Paul

5 / Herrmann

Herrmann	Wo steht er denn?
Paul	Hallo, Herrmann, ich habe den Artikelstandort in die Anzeige mit reingeschrieben. Brüsseler Straße.
Herrmann	Als ob es nur eine Brüsseler Straße in Deutschland gäbe.
Paul	Hallo, Herrmann, Brüsseler Straße, Berlin. Viele Grüße, Paul.
Herrmann	Na also. Gut, dass ich gefragt habe.
Paul	In welcher Stadt wohnen Sie denn?
Herrmann	Berlin.
Paul	Ich bin verwirrt.
Herrmann	Das merkt man.
Paul	Haben Sie trotzdem Interesse?
Herrmann	Woran?

Paul	Na, an meinem Schreibtisch.
Herrmann	Nicht im Geringsten.
Paul	Warum haben Sie mir denn dann überhaupt geschrieben?
Herrmann	Mich hat es nur gewurmt, dass Ihre Angaben unvollständig sind.

6 / Judith

Hallo, ich melde mich wegen dem Schreibtisch. Ich wollte mal fragen, ob du vielleicht die Möglichkeit hättest, ihn mir vorbeizubringen. Ich hab nämlich kein Auto und auch keinen Führerschein. Ich wohne auch gar nicht so weit weg. In der Sperberstraße in Borgsdorf. Das erreicht man ganz bequem mit der S1. Du kannst auch mit dem Regionalexpress nach Oranienburg fahren. Von dort läufst du dann einfach 15 Minuten zurück in Richtung Berlin. Natürlich zahle ich dir ein Anschlussticket für den C-Bereich. Wenn du dir vorstellen könntest, mir mit dem Preis noch ein bisschen entgegenzukommen, würde ich auch die Kosten für Hin- und Rückweg übernehmen. Liebe Grüße, Judith

7 / Birgit

Birgit	Hey du, wann kann ich den Schreibtisch abholen kommen? Ich wohne um die Ecke und bin daher recht flexibel. Liebe Grüße, Birgit
Paul	Hallo, Birgit. Wenn du willst, dann komm doch gleich. Brüsseler Straße 61.
Birgit	Ja, super. Ich wohne um die Ecke.
Paul	Perfekt. Bis gleich.
Birgit	Ja, super. Ich könnte in 10 Minuten da sein!
Paul	Ja, komm rum. Ich bin daheim.
Birgit	Ja, super. Wo muss ich klingeln?
Paul	Im Seitenflügel bei Bokowski.
Birgit	Ja, super.
Paul	Bis gleich.
Birgit	Ich wohn ja um die Ecke.
Paul	Ja, super.
Birgit	Bist du noch ein bisschen zu Hause? Ich würde in 20 Minuten losgehen und wäre in 30 Minuten bei dir.
Paul	Birgit, vor einer Stunde hast du geschrieben, du wärst in 10 Minuten hier.
Birgit	Ich wohn doch um die Ecke.
Paul	Ja, eben.
Birgit	Ja, super. Ich könnte in 30 Minuten bei dir sein.
Paul	BIRGIT!
Birgit	Ich wohne um die Ecke.
Paul	Urban, global oder interstellar?
Birgit	Was?
Paul	Egal. Komm jetzt bitte.

Birgit	Ja, super. Also ich mach mich in einer halben Stunde los.
Paul	Nee, Birgit. Meld dich doch einfach morgen nochmal. Vielleicht habe ich Glück und bin den Schreibtisch bis dahin anderweitig losgeworden.
Birgit	Okay, dann morgen. Ich wohn ja um die Ecke. Schönen Abend.
Paul	Ja, super.

8 / Kai

Kai	Versand?
Paul	Hallo, Kai, kein Versand. Nur an Selbstabholer.
Kai	Ausnahme?
Paul	Bitte?
Kai	Können Sie keine Ausnahme machen?
Paul	Tut mir leid, Kai. Aber den Schreibtisch in Einzelteile zu zerlegen, zu verpacken und zur nächsten Post zu schleppen, ist mir zu viel Aufwand.
Kai	Ich zahle auch Verpackung und Versand.
Paul	Tut mir leid, Kai. Nur an Selbstabholer.
Kai	Bitte.
Paul	Nein.
Kai	Ich such dir auch 'ne Spedition.
Paul	Kai. Nein heißt Nein.
Kai	Spedition Raureif-Torgelow. 39 Euro. Plus

	50 Euro Festpreis. Komm. Ich schicke dir das Geld.
Paul	Kai. Im Ernst. Der Tisch kostet neuwertig 79 Euro.
Kai	39 Euro. Plus 50 Euro Festpreis. Bitte.
Paul	Kai. Die verschicken sogar kostenlos.
Kai	39 Euro. Plus 60 Euro Festpreis! Bitte!
Paul	Kai, wenn du dich vorher für deren Newsletter anmeldest, bekommst du 10 Prozent Rabatt.
Kai	BITTE!
Paul	Hier der Link! 10 Prozent Rabatt auf den ersten Einkauf.
Kai	Komm, bitte!
Paul	Bist du wirklich sicher, Kai?
Kai	Ja!
Paul	39 Euro. Plus 60 Euro Festpreis.
Kai	Ja!
Paul	Na gut. Von mir aus.
Kai	Eine Bitte noch. Könntest du dir vorstellen, mit deinen nackten Füßen mehrmals über den Tisch zu laufen?

9 / Dustin

Dustin	Hallo. Ist der Tisch noch zu haben?
Paul	Hallo Dustin, es gibt schon ein paar Anfragen, aber noch keinen Käufer.
Dustin	Ich find den Tisch ziemlich klasse. Könnte ihn direkt abholen.

Paul	Aber?
Dustin	Was meinst du mit aber?
Paul	Du bist jetzt der Achte, der mir schreibt. Es gab immer einen Haken.
Dustin	Kein Haken. Ich komm rum, zahl dich aus, lade den Tisch ins Auto, fertig.
Paul	Das klingt aber ein bisschen zu gut, um wahr zu sein.
Dustin	Wenn ich mich direkt losmache, bin ich in 10 Minuten da.
Paul	Hm. Weiß nicht.
Dustin	Schraubenzieher, Sackkarre, Spanngurte, alles da.
Paul	Nee, Dustin, hier stimmt doch was nicht.
Dustin	50 Euro, bar auf die Hand.
Paul	Nee, Dustin, tut mir leid.
Dustin	Ach komm, lass dich nicht bitten.
Paul	Nein, Dustin! Mir ist das Ganze nicht geheuer. Alles Gute!
Dustin	Ach bitte! Ich liebe diesen Tisch.
Paul	Dustin. Ich möchte das nicht.
Dustin	Ich will jetzt diesen Tisch kaufen!
Paul	Dustin. Hör bitte auf, mir zu schreiben!
Dustin	Nein!
Paul	Bitte, Dustin. Ich will das nicht!
Dustin	Ich höre erst auf, wenn dieser Tisch in meiner Bude steht.
Paul	Nein!
Dustin	Ich will diesen Tisch!

Paul	Na gut, Dustin. Einverstanden. Aber könntest du dir vorstellen, dass ich nebenher noch ein paar Fotos von deinen nackten Füßen mache?
Dustin	Was?
Paul	Ganz ohne Blitz oder künstliche Beleuchtung.
Dustin	NEIN!
Paul	Rückseitig, wie vorderseitig. In doppelter Ausführung.
Dustin	Nein, habe ich gesagt!
Paul	Dustin? Dustin, bitte antworte!

10 / Birgit (Die Rückkehr)

Birgit	Hey, entschuldige, dass ich am Sonntag nicht mehr geschrieben habe. Hast du heute Abend Zeit? Kann jederzeit vorbeikommen.
Paul	Ja o.k. Brüsseler Straße 61. Wann bist du da?
Birgit	Wohne um die Ecke.
Paul	Ja, Birgit. Ich weiß.
Birgit	Wie ist die Adresse?
Paul	Ich wohne um die Ecke, Birgit.
Birgit	Ja, super.
Paul	Adresse siehe oben.
Birgit	Was?
Paul	ADRESSE SIEHE OBEN! Hab ich dir vor einer Minute geschickt. Sag mir bitte, wann genau du da bist.
Birgit	Wenn alles klappt inner halben Stunde.

Paul	IN EINER HALBEN STUNDE?
Birgit	Ja, zwischen halb elf und halb zwölf.
Paul	Sorry, Birgit. Ich hab den Schreibtisch gerade an einen Fußfetischisten aus Esslingen verkauft.
Birgit	Den Kai oder den Siegmund?
Paul	Den Kai.
Birgit	Ja, super!

Better call Paul

Es ist nicht so, als würde ich das Konzept von Eigentum grundlegend ablehnen. Im Gegenteil: Ich respektiere das menschliche Bedürfnis nach Besitz. Man könnte sogar sagen, dass ich auch selber, ganz privat, ein bisschen Eigentum besitze. Eine ganze Menge sogar, gemessen an der Anzahl, nicht am Wert. Natürlich kein Wohneigentum, aber von der Socke bis zum Sofa alles dabei. Eben genau das, was ich zum Leben brauche. Alles Dinge des alltäglichen Bedarfs. Jedes davon eine notwendige Habseligkeit, die man im Falle des Falles auch auf eine einsame Insel mitnehmen würde: meinen Thermomix zum Beispiel, meine Slackline oder meine Baseballschlägerpfeffermühle.

Ich glaube, dass die Sehnsucht nach Besitz ein grundlegendes Verlangen darstellt. Wo, wenn nicht auf einer menschenleeren Insel, käme ich auf den Gedanken, mir ein paar Habseligkeiten zu basteln. Schon aus lauter Langeweile heraus. Einen Kamm aus Fischgräten vielleicht, Zahnseide aus Rattendarm, ein Kirschkernkissen aus getrockneten Fäkalien und zu Weihnachten, einmal im Jahr, ein brandneues Diabolo aus Kokosnüssen,

Treibholz und meinen eigenen gezwirbelten Schamhaaren.

Was bleibt von einem Menschenleben, wenn man Besitz und Eigentum beseitigt? Was hab ich dann noch? Wahrscheinlich hat es mich deshalb so getroffen, dass diese große Anwaltskanzlei aus Hamburg 2400 Euro von mir verlangt hat, nur weil ich mir eine Staffel »Knight Rider« heruntergeladen habe, die ganz zufällig nicht mir gehört. Eine halbe Staffel! Schlimmer noch! 2400 Euro für eine halbe Staffel, die mir noch nicht einmal gefallen hat. Das muss man sich mal vorstellen: 2400 Euro für zwölf Folgen. Zum Glück war die Staffel nicht zwanzig Folgen lang! Und dann darf ich den Mist noch nicht einmal behalten! 200 Euro pro Folge! Das sind 400 Mark! Das ist ein halber Thermomix!

Und dass die einem gleich mit einem Anwalt kommen müssen. Als ob man sowas nicht auf einer persönlichen Ebene hätte klären können. Ich bin doch ein netter und einfühlsamer Mensch. Ich verstehe sowas doch. Warum hat David Hasselhoff nicht einfach bei mir angerufen. Hätte er mir doch sagen können, dass ihm das nicht gefällt. Wegen der Sprachbarriere? Ich kann doch etwas Englisch. Immer gleich den Anwalt schicken! Was das kosten muss! Ich frag mich echt, wer das bezahlen soll! Und was das auch für ein Signal sendet, das Zwischenmenschliche nur noch über die Juristenbrut zu regeln.

Ich hab dann erstmal einen Anwalt angerufen. Na ja, zwölf um genau zu sein. Also jetzt nicht für jede Folge einen, aber nach dem ersten Telefongespräch war ich halt so drin in der Thematik. Und wenn man so wie ich von zu Hause aus arbeitet, dann ist man doch für jede Form von Ablenkung dankbar. Aus dieser Perspektive betrachtet ist eine Abmahnung vom Anwalt eigentlich gar keine schlechte Sache. Aber auch wirklich nur aus dieser Perspektive betrachtet.

Ich hab besagte Staffel auch echt nur runtergeladen, weil ich von zu Hause aus arbeite. Sonst wäre das doch gar nicht passiert. Deswegen geht man doch auf Arbeit ins Büro. Damit man seine Fernsehserien aus den Achtzigern nicht mehr zu Hause runterladen muss. Vielleicht probier ich das mal aus, dieses Büro. Oder ich fahr zu meinen Eltern. Die freuen sich doch, wenn sich mal was anderes im Briefkasten versteckt als nur die Infopost von Möbel Kraft.

Der erste Anwalt, den ich angerufen habe, der kam sogar aus der Ecke. Da habe ich gleich gedacht: Das ist bestimmt ein schlechtes Zeichen. Wars dann auch. Der war zwar billig, aber spröde. Ich sei ja nicht gerade die hellste Kerze auf der Torte, hat er mir gesagt, wenn ich mich trotz tausender Tutorials bei YouTube noch erwischen lasse. Käme ihm persönlich aber ganz gelegen, sagte er, er brauche ohnehin noch Winterreifen für den neuen Tesla. Er sei zwar über Winter immer auf Bali, aber das müsse man schon machen mit den Reifen, für den Gesamteindruck. Allein dem Gärtner gegenüber. Um welche Serie es denn gehe, wollte er wissen. Und als ich sagte »Knight Rider«, da hat er drei Minuten lang gelacht. Das fand ich dann ganz gut, dass er zum Schluss Humor bewiesen hat. Aber umhören wollte ich mich trotzdem noch ein bisschen. »Ich melde mich«, hab ich gesagt. »Ganz ehrlich«, sagte er, »das sei ihm eigentlich egal.«

Die zweite Kanzlei war dann schon deutlich mehr um mich bemüht. Die waren zwar eingangs etwas schwierig zu erreichen. Aber man konnte nach einer netten Bandansage mit zentralafrikanischem Akzent seine Nummer, seine Postadresse, seine Bankdaten und diverse Interessen hinterlassen. Die haben noch am gleichen Tag zurückgerufen. Machen die auch heute noch gelegentlich. Geht aber sonderbarerweise nur selten um den Hasselhoff.

Kanzlei Nummer sechs war am seriösesten. Man könne das alles auf dem Postweg regeln, sagten die, kein Treffen notwendig. Ein Büro in dem Sinne habe man sowieso nicht. Wegen der CO2-Bilanz versteht sich, und weil man die eingesparten Kosten direkt auf die Mandanten umlegen könne. Das hat schon alles einen sehr vernünftigen Eindruck auf mich gemacht. Für nur 3000 Euro würde man die Angelegenheit gerne für mich klären. Ich habe dann ganz vorsichtig gefragt, ob 3000 Euro nicht ein bisschen mehr seien als 2400. Dann ist die Anwältin am anderen Ende etwas ungehalten geworden. Das müsse ich schon mit mir selber ausmachen, sagte sie, ob ich wie ein räudiger Köter auf allen vieren aus der Sache rauskommen möchte oder aufrecht, auf zwei Beinen, erhobenen Hauptes und mit einem Lächeln im Gesicht. Ob denn auch räudig auf zwei Beinen geht, habe ich gefragt. Ruhig mit gesenktem Kopf, wenn das billiger ist. Dann hat sie leider aufgelegt.

Anwalt Nummer acht hat mir erstmal eine Standpauke gehalten. Wegen geistigem Eigentum und Raub an der Solidargemeinschaft und Kultur als höchstem Gut des Volkes und dass man Menschen wie mir im Mittelalter noch die Hände abgeschnitten hätte. Ich hab dann angemerkt, dass ich mir im Mittelalter vermutlich keine Fernsehserie mit David Hasselhoff runtergeladen hätte. Die Spitzfindigkeiten solle ich bitte ihm überlassen, sagte er, aber apropos Mittelalter, er würde versuchen vor Gericht auf meine Blutlinie zu setzen und meine polnische Herkunft als mildernde Umstände durchzudrücken.

Kanzlei Nummer neun hat bei mir angerufen. Hätte ich eigentlich mal fragen können, wo die meine Nummer herhaben. Das war aber ein ziemlich gutes Angebot, das die mir gemacht haben. Sehr professionell und vorausschauend. Da hat man gleich gemerkt, dass die sich wirklich auskennen. Die haben mir eine Flatrate angeboten. Für nur 49 Euro pro Monat würden sie sich um alle Abmahnungen kümmern, die in den nächsten drei Jahren bei mir ins Haus flattern. Bis die Verjährungsfrist verstrichen ist. Ich könne dann auch erstmal weiterhin bedenkenlos meiner verbrecherischen Tätigkeit nachgehen, sagten die.

Am verlockendsten war das Angebot von Kanzlei Nummer zehn. Die haben mir gesagt, dass sie die Sache für einen Euro regeln könnten. Ich müsse nur einen Mobilvertrag bei 1&1 abschließen, ein FAZ-Abo über fünf Jahre und drei Leute werben, die in den nächsten zwölf Monaten abgemahnt werden möchten. Ob ich denn keine Großeltern mehr hätte.

Am Ende habe ich mich übrigens für Kanzlei Nummer sieben entschieden. Die waren zwar lange nicht die günstigsten, aber immer noch billiger als 2400 Euro. Außerdem war mir deren Anwalt so sympathisch. Er hätte mein erstes Buch als illegales E-Book im Internet gefunden. Ob ich denn schon mal über eine Abmahnung nachgedacht hätte. So ein netter Kerl.

Mein kleines Tourtagebuch / Im Süden

01

Zu Besuch im Land der Eidgenossen. Am Bahnhof Bern kommt eine Frau mit drei Rollkoffern auf mich zugeeilt. Abrupt bleibt sie vor mir stehen und starrt mich erwartungsvoll an. Nach ein paar Sekunden ergreift sie das Wort: »Chchriit büüdchrr u wäägchr intree uuglii ä fungchri.« »Tut mir leid«, antworte ich verdutzt. »Ich spreche leider kein Schwyzerdütsch.« Wieder starrt sie mich entgeistert an, dann greift sie in ihre Manteltasche, drückt mir wortlos fünfzig Franken in die Hand und eilt davon.

02

DB Lounge in München. Ein älteres Ehepaar sucht immer wieder meinen Blick. Aus Unbehagen heraus beginne ich damit, lustlos in der WELT zu blättern. Als sie aufstehen, um zu gehen, macht sich eine spürbare Erleichterung in mir breit. Doch dann, kurz vor dem Ausgang, fasst die Frau sich ein Herz, wendet in einem Zug und eilt schnurstracks auf mich zu. Was folgt, ist ein sehr schmeichelhaftes, fast überschwängliches Kompliment für meine beiden Bücher. Absurderweise beginnt es mit den Worten: »Sind Sie nicht der Homosexuelle aus der Brüsseler Straße?«

03

Der Veranstalter aus Feldberg begrüßt mich mit den Worten »Herr Bokowski, ich habe Lust zu saufen!«, was fünf Stunden später mit dieser Anekdote in einem hessisch-schwäbischen Singsang gipfelt: »De Alde Feuerwach is gar ned de alde Feuerwach, sondern de Neue Feuerwach, aber denn is de Alde Feuerwach abgebrennet und denn henn se an gleiche Stell eene neue Neue Feuerwach gebauet und denn henn se von mir verlanget, dasisch meene Neue Feuerwach in Alde Feuerwach unnbenenn, wo mia meen Exfrau noch befohlet hätt ›Mach des nid!‹ und jetzt machet das Gerüscht de Runn, isch hätt soiner Zeit die alde Alde Feuerwach angezünnet, und eigentlisch binisch mir sicher, dassisch des ned gewese bin, auser wenn isch zu fül getrunge henn, aba kommet se ma mit raus, wer machet uns jetzt selbst een Bild von de Angelegehoit.«

04

Schon wieder in der Schweiz. Oder wie mein deutscher Kabarettkollege T. nicht müde wird zu erwähnen: »Das etwas bessere Deutschland.« Die Eidgenossen sehen es freilich ähnlich, sind aber zurückhaltender damit, sich ihren deutschen Nachbarn gegenüber mit Überlegenheit zu brüsten. Nur am Hauptbahnhof Zürich werden deutsche Touristen von einer Filiale »Blume 3000« in Empfang genommen. Chapeau, Switzerland, Chapeau.

05

Büchertisch nach einem Poetry Slam in den Bamberger Haas-Sälen.

»Einmal alles, bitte«, sagt ein Mann Mitte vierzig.

»Von jedem eins?«, frage ich.

»Ja.«

»Macht siebenundzwanzig Euro.«

»Für die beiden!?«

»Hier liegen drei Produkte.«

»Ach so. Dann das und das.«

»Also einmal alles ohne mich?«

»Ich kann Ihres ja jetzt schlecht aus Mitleid kaufen.«

»Klar können Sie!«

»Nee!«

»Sie können es ja verschenken.«

»Zum Geburtstag?«

»Zum Beispiel.«

»Signieren Sie's auch?«

»Aber gern. Für wen?«

»Egal. Hauptsache lustig.«

»Kein Problem: Aus Mitleid. Zum Geburtstag. Paul Bokowski.«

06

Künstlerwohnung in Friedrichshafen. Wach seit 06.45 Uhr. Weil meine innere Uhr auch sechzehn Jahre nach dem Abitur noch immer sichergehen möchte, dass ich auch rechtzeitig zur ersten Stunde in der Schule bin. Danke dafür. Harmoniert aber ganz gut mit diesem gelegentlichen Albtraum, in dem ich panisch durch meine Berliner Wohnung renne, weil ich seit gefühlten zwanzig Jahren nicht mehr in Mathe oder Englisch war und weder meine Hausaufgaben noch meine Monatskarte finden kann.

07

WhatsApp-Nachricht meiner Mutter:

Hallo, Sohn. Liebe Grüße von der AIDAperla.
Eine Frau am Pool hat die aktuelle Ausgabe der ZEIT.
Wir warten seit Stunden, dass die deinen Dialog liest.
Ich glaube jetzt.
Ja. Jetzt.

Hat nicht gelacht.

Liebe Grüße, Mama.

08

Erotische Lesestunde in der Volksbücherei Fürth. Die KollegInnen im Backstage prahlen mit ihren schlimmsten Dating-Geschichten. Ich spiele mit und gewinne überraschend mit der folgenden kleinen Anekdote: »Ich habe mal einen Engländer gedatet, einen groß gewachsenen, blasshäutigen, mit Hang zum Hochadel und rezessiv vererbbaren Gendefekten. Wir schlenderten lustvoll durch Berlin, tranken Spätkaufgut und unterhielten uns. Auf Englisch. Es lief im Grunde gut, bis mir auf Höhe Kottbusser Tor ein Furz entfuhr. Ein kleiner winziger Furz, in jenem akustischen Grenzbereich, der offen ließ: Habe nur ich das jetzt gehört, oder wäre es angebracht, sich vor die nächste Straßenbahn zu stürzen? Dummerweise gibt es am Kottbusser Tor keine Straßenbahnen. Also dachte ich mir: Ach komm, Paule, ihr seid doch erwachsene Menschen, beide Ende zwanzig, auf dem Zenit eurer ironischen Weltwahrnehmung, in einer der ranzigsten und coolsten Städte der Welt. Und so jagte ich mir die aufsteigende Schamesröte wieder aus dem Gesicht, trat meinem archaischen Parasympathikus von hinten in die britischen Kronjuwelen und sagte beiläufig und selbstsicher: »Oh sorry, I just pooped a little.« Das hoffnungsvolle Date fand ein jähes Ende und ich im

Anschluss die Erkenntnis, dass »pooped a little« etwas anderes bedeutet, nur nicht pupsen.

09

Stuttgart. Nach meiner Sololesung bin ich auf dem Weg zum Stadthotel Hasenberg. Die letzte Straßenbahn spült nicht nur mich, sondern auch eine Gruppe innerdeutscher Touristen in den beschaulichen Stadtteil. Sternhagelvoll schwanken sie vor mir die steile Straße hinauf und singen lauthals, aber sichtlich außer Atem »Atemlos durch die Nacht«. Nach einer Minute brüllt es aus einem der anliegenden Wohnhäuser:

»Ruhe da draußen!«

»ODER WAS!?«, brüllt einer aus ihrer Mitte aggressiv zurück.

»Oder ich ruf die GEMA!«

10

Ich sitze in der Schwarzwaldbahn und schaue mir den Schwarzwald an. Seit Konstanz sitzt mir einer dieser jungen Männer gegenüber, die nach dem Abitur eigentlich acht Wochen lang durch Kambodscha trampen wollten, aber dann aus Versehen einen Bachelor in Umwelttechnik angefangen haben. Jetzt benutzt er seinen 100-Liter-Trekkingrucksack, um wenige Tage vor Weihnachten einen Jahresvorrat an Schmutzwäsche in Reichweite der mütterlichen Waschmaschine zu buckeln. Habe ich Mitleid mit diesem Rucksack oder spiegele ich in ihm nur meine eigene sinnentleerte Existenz?

Die Regina-Monologe

Ich bin auf eine Geburtstagsparty eingeladen. Ein Doppelgeburtstag in Neukölln. Zelebriert werden Friedemann und Wilhelmine. Die beiden werden heute, wie man es bei Menschen mit den Vornamen Friedemann und Wilhelmine erwarten würde, genau drei Monate alt. Es verspricht, ein sehr entspannter Nachmittag zu werden, bis – ganz plötzlich und völlig überraschend – Oma Regina von der Tür steht.

»[...] Und wer sind *Sie*, wenn ich fragen darf? [...] Ja, danke, junger Mann, aber solange meine Rente den Kredit für diese Bude querfinanziert, müssen *Sie* mir nicht sagen, dass ich erstmal reinkommen soll. Vierter Stock! Ohne Aufzug! Und dann fünftausend Euro der Quadratmeter! Aber eine abbezahlte Doppelhaushälfte mit Einliegerwohnung, *die* ist der hippen Kleinfamilie ja nicht gut genug. Warum denn nicht? Weil wir noch Tapeten an den Wänden haben? Und Zentralheizung? Und keine Junkies auf halber Treppe? [...] Wo ist denn meine Tochter? Die hätte ja ruhig mal selbst zur Tür kommen können. [...] Babys, Babys, ich hab morgens geworfen, mittags gewischt und abends abgestillt! [...] Ja, gucken Sie nicht so! Gehen Sie mal lieber runter in den zweiten Stock und holen Sie mein Gepäck. Wenn überhaupt was davon übrig ist. Neukölln! Wieso nicht Alt-Köln!? Das sind vier Stunden weniger. Wer sind *Sie* denn überhaupt!? [...] Soso! *Mein* Schwiegersohn hat also Freunde! Wer hätte das für möglich gehalten. [...] Ja, danke, das weiß ich selber, dass die beiden nicht verheiratet sind. Aber sag da mal was, dann kriegst du gleich wieder das ›Ehrenwerte Haus‹ von Udo Jürgens vorgespielt. Mein Mann hat immer gesagt: ›Elke, mein Kind, Hauptsache, du heiratest keinen Idioten.‹ Und was macht Elke? Setzt die Betonung auf *heiraten*. Hauptsache du *heiratest* keinen Idioten. [...] Das geht Sie gar nichts an, wie lang ich bleibe. Frauen haben immer mehr Gepäck als Männer. Gehn Sie lieber nochmal runter. Der Taxifahrer muss bezahlt werden. Der Typ hat eh geglaubt, dass ich ihn foppen will. Hätte mein Pseudoschwiegersohn ja ruhig mal erwähnen können, dass es nicht nur *eine* Weserstraße in Berlin gibt. Wieso nicht Spandau? Ist doch schön da! Sieht doch fast aus wie bei uns! Der Trottel meiner Tochter hat doch meine Mail-Adresse. Hätte er ja mal reinschreiben können, in seinen dummen Newsletter. [...] Wie jetzt? Kriegen Sie den auch? ›Vier Fäustchen für ein Hallo-Du-Da!‹ Wie pfiffig! Hat sich der Master an der UdK direkt bezahlt gemacht. Hätte ich mir bei meinem Dammriss damals auch nicht träumen lassen, dass ich mal Fotos von Elkes wunden Brustwarzen bekomme. Übers Internet! [...] Apropos *wund*. Was stinkt denn hier so? Ach, Stoffwindeln! Vorkriegskollektion! Sieht ja aus, als wäre in dieser Wohnung eine Filzbombe explodiert. Ist aber auch klar, dass man sich keine Pampers leisten kann, wenn man eine vierköpfige Kleinfamilie mit einem Ruanda-Shop finanzieren möchte. [...] Was? Da-Wanda, Ruanda, scheißegal. [...] ›Heirate keinen Idioten.‹ Super, Elke, wirklich super. [...] Machen Sie das auch, junger Mann? Poetische Kühlschrankmagnete? [...] Das haste davon, wenn du deiner Tochter erlaubst, eine Geisteswissenschaft zu studieren. Stoffwindeln! Mit den Dingern wurde ich schon gewickelt, als wir 45 aus Ostpreußen abgehauen sind. Apropos Ostpreußen: Wo sind die zwei denn jetzt? [...] Na, der kleine Friedewart und seine Wilharmonica? Ich hab ja seinerzeit gedacht, ich werde öfter eingeladen. Aber kaum schenkt man zur Geburt zwei Paar Babyslipper aus Wildleder, ist man unten durch bei der Mischpoke. Besonders bei diesem hormongeschwängerten Monster, das immer nur barbusig rumhockt und jedermann erzählt, dass es während der gesamten Schwangerschaft neunzehn Kilo zugenommen hat! [...] Ja, dich mein ich, Stammvater Michael! [...] Jaja, selber *hallo*! Reinhalten: ja, Hand anhalten: nein. Tolle Wurst! Aber jetzt lüften wir mal durch. Riecht ja hier wie in einer alten Molkerei. [...] Was denn für ein Tiefdruckgebiet? [...] *Quirinus*? [...] Ich werde mir doch nicht das Lüften verbieten lassen. Schon gar nicht von jemandem, der weiß, wie die Luftmassen über Berlin mit Vornamen heißen. [...] Na gut, na gut, dann schon gar nicht von jemandem, der die Popel meiner Enkelkinder nascht. [...] Elektrolyte!? [...] Du stillst aber nicht, Michael! […] Ist mir doch egal, ob du wunderbare Anlagen hast! […] *Quirinus*! […] Ja, genau, Elke-Kind. Ist klar! Das ist wirklich ein wunderschöner Vorname! Wirklich wunder-wunderschön! Glück gehabt, Frittenbert, Glück gehabt! […] Und jetzt gib mal her den Schinken. […] Aber hallo. Schwer, der Junge. *Saftig* hat Oma Lotte immer gesagt. Und ich seh schon: ganz der Papa. Schade, Elke, wirklich schade. Ich würde ja sagen, das verwächst sich wieder, aber das haben wir bei deiner Schwester Sandra damals auch gedacht. Und jetzt sieht die immer noch aus wie dein Vater Heinz, nur mit Brüsten. Wo ist die denn überhaupt, wieder nicht aus dem Bett gekommen oder was? […] Ach da! […] Jaja, 'tschuldigung, aber Sandra-Schatz, ganz im Ernst, ist doch nicht meine Schuld, wenn du dich immer anziehst wie eine alte Sofagarnitur. Da brauchst du dich nicht wundern, wenn du keinen Mann findest. In *den* Farben hätten dich sogar die Russen übersehen. Aber ich sehe schon, wie hier der Hase läuft. Den Frodolino und die kleine Wendula, die müsst ihr auch erst nackig machen, wenn ihr wissen wollt, wer wer ist. […] Was ist denn so schlimm an rosa oder blau? Sind doch nur Farben. […] Jaja, Gendergeländer! Aber Hauptsache identisch und gestreift. Hab ich ja nie verstanden, diesen Zwillingswahn. Diesen deutschen Zwillingswahn. Ist ja wie eine Nazidoku bei stern TV. […] stern TV! […] *Wer* sind Sie nochmal? […] Ach so, der ›Freund‹ von Michael. […] Nee, junger Mann, ich kann meine Gänsefüßchen in die Luft setzen, wie *ich* will. Gehen Sie mal lieber da rüber auf den Dreisitzer. Ja. Da rüber, gleich neben das große graue Sofakissen. Das mit den Beinen und dem Topfhaarschnitt. Das können Sie gerne angraben. Aber bei Friedefurt und Wirtuosia ist jetzt die Oma an der Reihe. Halten, füttern und entlüften dürfen eh nur Leute, die wissen, was ein Stillhütchen ist. [...] Nein. [...] Nein, Elke. [...] Danke, nein. [...] Nee, Elke, ich will jetzt *wirklich* keine Dinkelkekse aus Plazentamehl. [...] Das hab ich schon verstanden, dass das deine eigene Plazenta ist. Hab ich trotzdem keine große Lust drauf. [...] Elke! Das musste doch wirklich nicht persönlich nehmen. [...] Dann stell dir meinetwegen vor, ich wär vegan. [...] Elke, ich werde doch nicht an deiner passierten Nachgeburt knabbern! [...] Mensch, Elke, was heulst du denn jetzt rum hier? Ist doch nicht so, als hätte ich bei einer fremden Plazenta beherzter in die Keksdose gegriffen. Schon gar nicht bei all den Leuten, die bei euch so rumlaufen. [...] Nee, Michael, das war jetzt nicht rassistisch. Bei Plazenta ist mir die Herkunft scheißegal. [...] Wie jetzt? Was glauben *Sie* denn, was Plazentamehl bedeutet? Machen Sie etwa auch so Poesie für Kühlschränke? [...] Klar ist da Plazenta drin! [...] Jetzt stellen Sie sich doch nicht so an. Ist doch ausgebacken. Und jetzt, wo Sie schon von meiner Tochter genascht haben, können Sie auch kurz die kleine Walensina halten. Die Oma muss jetzt nämlich austreten und dann Zucker messen. [...] Blutzucker. [...] Bitte, Sandra, nicht in diesem hoffnungsvollen Unterton. [...] Na weil ich zwischen Mannheim und Spandau drei Hefeweizen kalt gemacht habe. [...] Ich fahr doch nicht zweite Klasse, ohne mir einen reinzuzwitschern. [...] Nee, Sandra. Mein Bauch gehört Bier. [...] Nein, Michael. Ich will jetzt nicht gucken, was der kleine Fortensius schon kann. Mit Verlaub, der ist drei Monate alt. Der kann noch gar nichts. Ich könnte den gegen einen Jutebeutel voller Hackfleisch austauschen, und du bräuchtest fünfzehn Minuten, um den Unterschied zu merken. [...] Wo ist denn Elke jetzt? [...] Wie *Pause*? Die soll gefälligst glücklich sein, wenn sie ab und zu in Ruhe kacken kann. Oder abpumpen. [...] Elke! [...] Elke! [...] Hoffen wir mal lieber, dass sie sich für Freizeitspaß Nummer zwei entschieden hat, sonst macht die Arme grad 'nen Haufen in die Speisekammer. [...] Ich sag nur: Stilldemenz. Immer nur Stilldemenz. Wo ich mich überall erleichtert habe, nach der Niederkunft. [...] Na super: Unterzucker! Kein Wunder, dass ich grad so ungesprächig bin. [...] Kann mir mal wer den Baileys reichen? [...] Baileys, Michael. Nicht Babys! Baileys! [...] So, *Sie* da auf dem Sofa. Wie war nochmal Ihr Name? [...] Ja, Sie! Wir machen jetzt ein Trinkspiel. [...] Keine Widerrede. Flasche oder alte Brust. Das können Sie sich aussuchen. [...] Na also. Die Regeln sind ganz einfach. Gibt nur eine. Jedes Mal, wenn jemand dada oder bubu sagt, gibts Schnaps. [...] Komm, Sandra, mach dich mal nützlich und sag bubu. [...] Danke! Also! Prost, mein Junge! Jetzt aber nochmal ganz in Ruhe: Ich bin die Regina, und wer sind Sie?«

Pappa ante Porto

In den letzten Jahren frönten meine Schwester Hannah und ich einer sonderbaren Freizeitbeschäftigung. Einmal im Jahr fuhren wir mit einem älteren polnischen Ehepaar in den Urlaub. Das hatten Mutter und Vater sich so gewünscht, seitdem die Brut zu Hause ausgezogen war und Hannah die Hochfeste des familiären Wahnsinns, allen voran Weihnachten, nicht mehr im Kreise der Familie verbringen wollte, sondern alternativ, wie sie es nannte, nämlich betrunken und allein. Wir fuhren abwechselnd mit den Eltern in die Ferne. Ich bekam die geraden Jahre, Hannah die ungeraden. Und so wurde es schnell zu einer kleinen Tradition, dass wir uns gegenseitig Briefe aus dem Urlaub schickten, um einander darzulegen, wie schlimm es gerade mit den eigenen Eltern war.

»Jetzt?«
»Nein, Mama, noch nicht.«

In meinem letzten Buch habe ich einen Schwung dieser Briefe aus dem Urlaub veröffentlicht. Besonders Mutter hat diesen Einblick ins Private zwar nicht gerade befürwortet, aber doch in ihrer mütterlichen Nachsicht toleriert.

»Gezwungen wurde ich, gezwungen!«

Bei diesem Buch nun hat Mutter sich ein gewisses Mitspracherecht erbeten.

»Erpresst habe ich ihn, erpresst!«

Und welch ein Sohn wäre ich, diese Bitte abzulehnen.

»Jetzt?«
»Ja, jetzt. Hallo, Mama.«
»Guten Tag.«
»Du brauchst nicht *Guten Tag* sagen.«
»Na, mit wem rede ich denn jetzt? Mit deinen Lesern oder dir?«
»Das kannst du halten, wie du willst.«
»Dann bin ich lieber höflich. Nicht, dass mir noch was rausrutscht.«
»Ist egal. Ich geh hier später eh nochmal drüber.«
»Lügenpresse!«
»So war das nicht gemeint. Du kannst schon sagen, was du willst.«
»Dann würde ich gerne nochmal über meine Aufwandsentschädigung sprechen.«

Mutter Blamage und ihre Kinder – Folge 7: Pappa ante Porto

»Ich versteh den gar nicht.«

»Das sind Wortspiele, Mama. Einmal Brecht und einmal Loriot. Ist doch witzig.«

»Geht so. Ich find übrigens auch das mit der *Blamage* nicht so gut. Schämst du dich für uns?«

»Fragt die Frau, deren halber Freundeskreis glaubt, ich wäre verheiratet und würde bei einem Verlag in München arbeiten.«

»Ist doch egal.«

Ich möchte an dieser Stelle noch erwähnen, dass Sie, liebe Leser,

»Liebe Leser*innen!«

*… dass Sie, liebe Leser*innen die dialogischen Stellen natürlich auch einfach überspringen können.*

»Sehr nett. Vielen Dank.«

»Das musst du wirklich nicht persönlich nehmen.«

»Ich habe vierzehn Stunden in den Wehen gelegen wegen dir. Und so wird es mir gedankt?«

»Super! Die Kartoffel verantwortlich machen, weil der Bauer sie gepflanzt hat.«

»Eingekackt hab ich mich. Zwei Mal.«

»Ist ja gut. Liebe Leser*innen, lesen Sie bitte auch die dialogischen Absätze, sonst wird das wieder so ein Fäkaltext wie in meinem letzten Buch.«

»Na also. Und jetzt weiter im Text.«

Liebe Hannah,
wie du weißt, gibt es seit Kindesbeinen an zwei Todesängste, die mein ansonsten sorgenfreies Leben überschatten: die Angst zu ertrinken oder durch ein grausames Feuer den frühen Tod zu finden. Seit fünf Tagen nun lebe ich in der panischen Angst, dass unser Kreuzfahrtschiff AIDA*bella auf offener See in Brand geraten könnte.*

»Einspruch.«
»Mama, du musst nicht *Einspruch* sagen.«
»Du hast auch Angst im Dunkeln.«
»Ich hab doch keine Angst im Dunkeln.«
»Doch. Hat er. Mit Ende dreißig.«
»Mitte dreißig. Und ich habe keine Angst im Dunkeln.«
»Ende dreißig. Und wir können sehr gerne die Geschichte mit der Zwischendecke erzählen.«
»Weiter im Text.«
»Mein Sohn hat im Badezimmer eine Zwischendecke.«
»Bitte nicht.«
»Achtzigerjahre-Gipskarton. Nicht hübsch, nicht hässlich. Aber der feine Herr Hipster hätte es gern anders. Mietwohnung? Egal! Kaution? Egal! Große Nazihausverwaltung? Egal!«
»Mama, ich habe die Zwischendecke dringelassen.«
»Ja. Weil er sich nicht getraut hat, drunter zu gucken. Angst vor der Dunkelheit!«
»Natürlich hab ich drunter geguckt.«

»Nein. *Mein* Sohn hat ein Loch in die Zwischendecke gefräst, das Handy durchgesteckt und mit Kamera und Blitz ein paar Bilder in die Dunkelheit geschossen.«
»Ich find das ziemlich clever.«
»Und was hat der clevere Herr Handwerker dann gemacht? Nichts! Weil er sich nicht getraut hat, die Bilder anzugucken. Und jetzt weiter im Text.«

Unsere lieben Eltern kämpfen an Bord mit viel weltlicheren Sorgen. Mutter versucht, den aus ihrer Sicht so unverschämten Aufpreis für eine Kabine mit Seeblick durch den übermäßigen Genuss von Langusten wieder reinzuholen.

»Riesengarnelen. Auf der AIDAbella gibt es keine Langusten.«
»Sicher?«
»Ja, sicher. Keine Langusten, keinen Hummer. Und auch bei den Gambas muss man schnell sein. Wegen den ganzen Russen.«
»Sagt die einzige gebürtige Polin in diesem Text.«
»Ja, eben! Die Russen haben uns schon Lemberg weggenommen. Die Gambas kriegen die Sowjets nicht.«

Es ist ausgerechnet Vater, der Mutter mit einem leicht gelallten Zwischenruf verteidigt. »All inclusive, Muchacho!«, zischt er mir verschwörerisch entgegen, während er im Sitzen eine ungewohnte Beweglichkeit an den Tag legt, um die Aufmerksamkeit des Kellners auf sich zu lenken und seinen vierten Hugo zu bestellen.

»Einspruch.«
»Du musst wirklich nicht *Einspruch* sagen.«
»Hat er nicht Aperol Spritz getrunken?«
»Sicher?«
»Gibt's da nicht diese Regel?«
»Welche Regel?«
»Spritz auf Bier, das rat ich dir.«

Seitdem wir Porto passiert haben, hat Vater seinen Alkoholkonsum metrosexualisiert, trinkt unablässig Hugo, Aperol Spritz oder Weißweinschorle und beendet alle seine Sätze mit dem Wort »Muchacho«.

»Kritik?«
»Nein. Das stimmt so.«

Mutter starrt unterdessen leicht entrückt zur Westflanke des riesigen Buffets hinüber, wo gerade eine neue Ladung flambierter Jakobsmuscheln angeliefert wird. An den angrenzenden Tischen brandet Unruhe auf. Schnell lässt unsere Erzeugerin die letzten Gambas auf ihrem Teller in ihrer Handtasche verschwinden, springt auf, schneidet im Gehen eine hochschwangere Frau und erreicht sichtbar stolz als Erste das Buffet.

»Die war nicht schwanger. Die war nur schon 'ne Woche länger da als wir.«
»Trotzdem.«
»Nix da. Der Eisbrecher hätte ruhig mal einen Gang zurückschalten können. Außerdem ist die olle

Babuschka schnurstracks auf das Sushi zugesteuert, und schwangere Frauen dürfen gar kein Sushi essen. Wegen der Toxoplasmose!«

»Die kriegt man nicht von Sushi. Die kriegt man nur von Katzen.«

»Wer isst denn Katzen?«

»Kannst du bitte aufhören, hier billige Pointen fallen zu lassen. In *meinem* Text?«

»Ist doch nicht meine Schuld, wenn *dein* Text bis jetzt ein bisschen dröge ist.«

»Na, vielen Dank.«

»Das musst du wirklich nicht persönlich nehmen.«

Nur mit Mühe konnte ich Mutter gestern Abend davon abhalten, ein halbes Pfund Langusten …

»Riesengarnelen!«

… ein halbes Pfund Riesengarnelen in einem ausgespülten und mit einer Nagelfeile aufgeschlitzten Päckchen Capri Sonne Cola-Mix aus dem Restaurant zu schmuggeln.

»Das heißt jetzt Capri Sun!«

Nach fünf Nächten an Bord hat sich mein Blick für die Gaunereien unserer Mitreisenden geschärft. Mittlerweile kann ich mühelos unterscheiden, ob der seltsame Gang, den einige der alleinstehenden Rentnerinnen beim Verlassen des Speisesaals an den Tag legen, einem Hüftleiden geschuldet sein mag oder dem beschämenden Versuch, die zehntägige Kreuzfahrt mit dem Diebstahl einer halbreifen Honigmelone querzufinanzieren.

»*Das* war lustig.«
»Danke.«
»Aber den Trick mit der Melone hättest du ruhig mal früher erwähnen können.«

Trotz zahlreicher Extremsportarten wie Curling, Indoor-Bingo oder Beckenbodentraining vergeht die Zeit an Bord nur schleppend. Zwar verfügt das Schiff über eine fünf Meter hohe Kletterwand, jedoch ist die Nachfrage in der von Rentnern dominierten Nebensaison verhalten. Stattdessen baumelt an einem der bunten Klettergriffe seit zwei Tagen ein grün-weißes Strandtuch der Rentenversicherung Neumünster. Eine eindringliche Warnung vor der hier lauernden Gefahr eines Oberschenkelhalsbruches.

»Kurze Zwischenfrage: Wie viel haben wir noch?«
»Nicht mehr viel, Mama.«
»Na gut. Dann Endspurt jetzt. Gleich kommt *Das Traumschiff.*«

Wir verbringen die Abende mit ausschweifenden Spaziergängen an Deck. Ein Umrundung dauert zwanzig Minuten. Achtmal pro Stunde begegnen wir den gleichen Passagieren. Augenscheinlich bin ich nicht der einzige Mann Mitte dreißig

»Räusper.«

Augenscheinlich bin ich nicht der einzige Mann Ende dreißig, der diese Kreuzfahrt mit seinen Eltern bestreiten muss. Wir erkennen einander am gebückten Gang im Windschatten zeitlos sportlicher Multifunktionsjackenpaare. Sonderbarerweise grüßen wir einander.

»Wie jetzt!? Du hast das nicht gemocht, dieses langweilige Rumgelaufe?«
»Nicht besonders, nein.«
»Na super! Wir haben das gehasst! Was glaubst du, warum wir uns ab dem vierten Abend immer so gewissenhaft die Kante gegeben haben.«
»Ja, super! Ich bin nur mitgekommen, weil ich dachte, ihr kippt über die Reling, wenn ich nicht dabei bin.«

Höhepunkt der Reise war übrigens das Gerücht, ein Hobbyfotograf aus Detmold habe an Backbord einen Kutter voller Flüchtlinge entdeckt. Die zahlreichen Menschentrauben, die sich in ihrer nautischen Halbbildung zu beiden Seiten des Schiffes versammelt hatten, konnten erst durch die klärende Durchsage des Kapitäns zerstreut werden, wonach die einzigen Flüchtlinge in Sichtweite aus Königsberg, Danzig oder Ostpreußen kämen.

»Haben uns die Russen auch weggenommen!«

Einige der Passagiere hatten Mühe, ihre Enttäuschung zu verbergen. Auch Mutter konnte erst durch eine Notration Hoch-

seeshrimps wieder aufgeheitert werden, die Vater in seiner Multifunktionsjacke versteckt hatte.

In diesem Sinne, liebe Schwester:

All inclusive, Muchacha!

Dein Bruder

Paul

»So, fertig!«

»Sicher?«

»Wie jetzt, sicher?«

»Bisschen dünn, oder? So humormäßig.«

»Danke, Mama. Dann hau halt noch einen raus, wenn das so einfach ist.«

»Was hat vier Buchstaben und reimt sich leider nur so mittel auf *Nie wieder?*«

»Ich ahne Schreckliches.«

»AIDA.«

Fünf ist eine warme Farbe

Ich mag die Zahl fünf. Eine Fünf fühlt sich für mich sehr rund an. Wie ein perfekter Kreis. Krumm, aber geschlossen. Leer, aber voll. Im Grunde genommen ist die Fünf meine absolute Lieblingszahl. Und ich sage das nicht besonders leichtfertig. Ich weiß, dass es viele Zahlen auf der Welt gibt. Bestimmt tausend oder so. Und bitte: Verstehen Sie mich nicht falsch. Natürlich mag ich auch die Vier. Aber sie ist eben keine Fünf. Eine Fünf, die ist zeitlos. Ich denke zum Beispiel sehr gerne in Fünferschritten. Wie bei der Lautstärkeanzeige meines Fernsehers. Sie wissen schon: Dieser kleine graue Balken. Ich höre quasi immer nur in Fünferschritten. Fünf, zehn, fünfzehn, an wilden Tagen zwanzig. Aber ich würde diese Skala niemals bis ans Ende gehen. Warum? Mein Fernseher ist alt, und er war billig, und die Marke ist bescheiden. Was, frage ich mich, wenn die Lautstärke meines Fernsehers bei siebenunddreißig endet? Oder bei sechsundvierzig? Wie beim Gerät meiner Schwester zum Beispiel. Die hat einen sehr schicken Fernseher, modern und groß und teuer. Ihre Lautstärkeanzeige ist kein ordinärer Balken. Ihre Lautstärkeanzeige ist ein bunter Kreis. Und er endet bei sechsundvierzig. Nicht vierzig.

Nicht fünfzig. Sechsundvierzig! Diese 1-Sterne-Bewertung bei Amazon schreibt sich wie von selbst! Welcher Produktdesigner programmiert die Lautstärkeregelung eines brandneuen Markenfernsehers auf sechsundvierzig? Wer bitte ist dieser Mensch? Hat er Familie? Ist er in einem Keller aufgewachsen? Kann er sich morgens noch ins Gesicht schauen? Sechsundvierzig! Ich würde meines Lebens nicht mehr froh. Meine Schwester, das muss man ihr zugutehalten, die ist ein bisschen umgänglicher als ich: Sie arbeitet in Zweierschritten. Was aber, wenn die Lautstärke meines Fernsehers tatsächlich bei siebenunddreißig endet? Da gehen keine Zweierschritte. Da gehen auch keine Fünferschritte. Fünfundzwanzig, dreißig, fünfunddreizig, siebenunddreißig? Wir alle wissen doch, was das bedeutet: Ich müsste mir einen neuen Fernseher kaufen.

Es sei denn, ich ginge von null direkt auf neunzehn, was ginge, bei siebenunddreißig zumindest. Dann hätte ich achtzehn davor und achtzehn dahinter. Damit könnte ich mich arrangieren. Aber neunzehn, seien wir ehrlich, das ist doch viel zu laut für die meisten Filme. Außer Tatort vielleicht. Die leisen und langweiligen. Bodensee oder Schweiz oder Ludwigshafen. Laut tatort.de könnte ich dieses Jahr noch sieben Folgen Tatort gucken. Sieben! Das geht doch nicht. Sieben auf neunzehn!

Es ist nicht so, als wäre die Nummer fünf heilig. Nicht alles, was in Fünfergruppen kommt oder gefünftelt, geht für mich unweigerlich in Ordnung. Wie zum Beispiel Kinderschokolade. Sie wissen schon: Die mit den fünf Milchkammern. Wie bitte soll ich, ein rationaler Mensch, auf sinnvolle Art und Weise fünf Milchkammern essen? Eine Milchkammer nach der anderen? Das ist doch verrückt! Ich bin 182 Zentimeter groß. Ich werde doch keinen winzigen Quadratzentimeter Schokolade essen. Und ja, ich weiß: Natürlich wäre ich gerne 185 Zentimeter groß. Aber was bitte soll ich machen? Mir in Japan die Beine verlängern lassen? Nicht, dass ich jemals ernsthaft darüber nachgedacht hätte! Aber meine Krankenkasse sagt, sie zahlt das nicht.

Wissen Sie, was die größte Angst in meinem Leben ist? Also außer zu verbrennen. Oder mit Til Schweiger und Matthias Matussek in einem Aufzug stecken zu bleiben und weder Feuerzeug noch Benzin zur Hand zu haben? Schrumpfen! Ich habe gelesen, dass Menschen anfangen zu schrumpfen, wenn sie das fünfundfünfzigste Lebensjahr erreicht haben. Was ist denn so ein Leben noch groß wert, wenn man nur noch 181 Zentimeter groß ist. Geht das durch fünf? Nein! Geht das durch zwei? Nein! Ich müsste augenblicklich aus dem Leben scheiden. Selbst wenn ich zum Zeitpunkt meines Todes fünfundfünfzig wäre. Was numerisch betrachtet das beste Alter überhaupt ist.

Tod durch Kinderschokolade! Hauptsache nicht *eine* Milchkammer nach der anderen. Wer macht so etwas?

Ich könnte zwei Milchkammern auf einmal essen. Zwei Milchkammern scheinen mir eine adäquate Mundmenge Schokolade zu sein. Man könnte sogar zweimal zwei Milchkammern essen. Aber was dann? Das alte Ein-Milchkammer-Dilemma!

Ein guter Freund hat mir gesagt, ich soll nicht so ein Lauch sein und einfach den *halben* Riegel essen. »Fünfzig Prozent!«, sagte er. Das würde meinem inneren Zwangsneurotiker doch sehr entgegenkommen. Fünfzig Prozent! Wissen Sie, wie viel fünfzig Prozent von fünf sind? Zweieinhalb! Ich werde doch nicht zweieinhalb Milchkammern essen. Bin ich in einem Keller aufgewachsen? Zweieinhalb Milchkammern! So ein Psychopath! Wir sind, ganz nebenbei erwähnt, jetzt keine Freunde mehr.

Ich esse meine Kinderschokolade auf die einzige Art und Weise, die mir logisch und vernünftig erscheint: den ganzen Riegel auf einmal. Ich packe den Riegel langsam aus, schiebe ihn genussvoll in meine linke Backe, damit er diagonal in meinen Mund passt, und zack: gegessen. Ganz einfach. Ich bin sicher, dass das jeder erwachsene Mensch mit einem klaren Verstand und einem Sinn für Logik ganz genauso machen würde. Warum also hat diese Frau im Zug mich so entgeistert angestarrt? Mit dieser kruden Mischung aus Ekel, Angst und Wut? Aber dann selber Leibniz-Kekse mampfen. Die mit den zweiundfünfzig Zähnen! Zweiundfünfzig! Echt jetzt! Wieder nur Verrückte unterwegs!

Vielleicht sollte ich auf langen Bahnreisen auf Milchschnitte umsteigen. Die kommt immerhin in Fünfergebinden. Milchschnitte ist der perfekte Wochensnack. Also für Werktage! Die Zehnerpacks von Milchschnitte, die sind des Teufels, aber die Fünferpackung geht. Ich fange montags an, esse jeden Tag eine Schnitte und am Wochenende einfach etwas anderes. Twix zum Beispiel. Oder zur Not Balisto. Hauptsache im Doppelpack. Vielleicht würde ich sogar mit mir reden lassen und nimm2 essen. Eines. Ironisch. Wenn dieser Befehlston nicht wäre.

Aber Zehnerpacks von Milchschnitte! Als ob ein Vielfaches von fünf genauso anmutig wäre wie die Fünf selbst. Wie kommen die Leute nur auf sowas! Fischstäbchen zum Beispiel. Ich würde viel öfter Fischstäbchen essen, wenn in einer herkömmlichen Packung nicht ausgerechnet fünfzehn Stück wären. Fünfzehn ist wirklich keine gute Anzahl für einen Singlehaushalt mit Hang zur Zwangsstörung. Wie viele Fischstäbchen soll ich bitte essen? Sieben? Damit acht zurückbleiben, also sieben plus eins, ergo ein Stäbchen zu viel? Oder doch lieber acht? Damit sieben zurückbleiben, also ein Stäbchen zu wenig? Klar: Ich könnte fünf Fischstäbchen essen. Dann blieben zehn zurück. Also zwei mal fünf. Was ginge. Aber natürlich sind fünf Fischstäbchen für eine Mahlzeit viel zu wenig. Freilich könnte ich gleich alle fünfzehn essen. Was aber, ganz augenscheinlich, viel zu viel ist. Ich könnte auch zwei Päckchen Fischstäbchen kaufen, aus jedem fünf essen, also zehn. So dass in jeder der beiden Packungen zehn Stück zurückbleiben. Aber wenn ich so anfange, kann ich auch gleich sieben Päckchen kaufen und erst aus jeder Packung eines essen, ergo sieben, so dass jeweils vierzehn Stück zurückbleiben und ich guten Gewissens fünfzehn Mal sieben Fischstäbchen essen kann. Fünfzehn. Das wäre doch verrückt!

Eins noch, liebe*r Leser*in. Denn ehe Sie jetzt eine erzürnte Mail darüber aufsetzen, dass es noch andere Packungsgrößen gibt, sei direkt vorweggeschickt: Sie meinen Käpt'n Iglos Backfischstäbchen. Und die kommen zu dreizehnt. Dreizehn! Ich glaube, ich hasse Fischstäbchen.

Mein kleines Tourtagebuch / Im Westen

01

Wenn Menschen sich in meiner Gegenwart über Nichtigkeiten aufregen, beginnt in meinem Kopf ein innerer Monolog darüber, dass jedes menschliche Handeln in eine kosmische Relation gesetzt werden muss, die verdeutlicht, dass ein Menschenleben in diesem größtmöglichen Vergleich so winzig und vergänglich ist, dass man keinen Moment irdischen Daseins irgendeiner negativen Emotion zugestehen sollte, sondern in jedem noch so kleinen Augenblick einzig und allein dem frönen, was wahr, schön und gut ist. – Dummerweise hat sich dieser innere Monolog im Laufe der Jahre so arg verkürzt, dass ich einem Fahrradfahrer am Bahnhof Düsseldorf gerade »Halt die Schnauze, du Ficker, das Universum expandiert!« hinterhergebrüllt habe.

02

Stippvisite in der alten Heimat. Große Aufregung im Lerchenweg. Jemand hat an das Haus von Familie Steinbach »ein Graffito geschprehert«. »Guck«, sagt Mutter, als wir nach dem Abendessen daran vorbeispazieren. »Bier und sowas!«, liest sie laut.

»Penis«, sagt Vater.

»Jaja, ich weiß«, zischt Mutter.

»Bier und Penis, steht da«, wiederholt Vater.

»Wenn das so weitergeht«, klagt Mutter, »ziehen wir doch noch nach Berlin.«

»Schade!«, sage ich.

»Wie bitte!?«, fährt mich Mutter an.

»Na, jetzt wo ich weiß, wo die jungen Leute hier ihre Prioritäten setzen, denke ich ernsthaft darüber nach wieder zurückzukommen.«

03

Dortmund. Der eigenen Sommerpause in den Rücken gefallen und mich für Kost, Logis und unerhört viel Asche für ein großes deutsches Unternehmen prostituiert. Der Praktikant will mir ein Taxi rufen. »Ist keine gute Gegend«, sagt er. »Die Nachbarschaft?«, frage ich. »Nee, Dortmund«, sagt er. Aber ich habe kaum Gepäck und laufe gern.

Nördlich vom Bahnhof begegne ich zwei Bordsteinschwalben, lustlos ins Gespräch vertieft.

»Ficken?«, fragt eine der beiden und tritt mit stolzem Schritt aus dem Spalier.

»Danke, nein«, stammele ich, den Blick auf meine Füße geheftet.

»Ich hab auch Gras«, sagt sie und läuft mit schwungvollem Gang neben mir her.

»Danke, nein«, wiederhole ich.

»Koks, Crystal, Speed. Alles da«, flüstert sie und hakt sich bei mir ein.

»Wirklich: danke, nein«, insistiere ich.

Dann ruft die andere uns nach: »Sie hat zur Not auch Knoppers und ’ne Playstation.«

04

Schreiburlaub im Hunsrück. Seit zwei Wochen Intensivarbeit am neuen Manuskript. Ich möchte nicht behaupten, dass ich zunehmend wunderlicher werde und Stück für Stück verwahrlose, aber ich habe meinen Kaffee gerade mit Dessertsoße getrunken. Weil keine Milch mehr im Haus ist. Seit Freitag. Langsam gewöhne ich mich dran.

05

Sololesung in Paderborn. Nach dem vierten Text ruft eine Frau aus dem hinteren Drittel der verwinkelten Location:

»Lesen Sie den Brottext!«

»Welchen Brottext?«

»Na, den mit dem Brot von gestern!«

»Geht nicht.«

»Wieso?«

»Der ist nicht von mir.«

»Doch!«

»Nein! Der Text ist von Horst Evers.«

»Macht nix. Ich hab das Buch dabei.«

06

Das Patenkind aus Siegen war so freundlich, seine Konfirmation zwischen zwei meiner Tourtermine zu legen. Höhepunkt der zweistündigen Show: Die Pastorin lässt beim Abendmahl den Leib Christi fallen, hebt ihn aber wieder auf, pustet kurz drüber und drückt die kleine Oblate einem vermutlich immunschwachen Rentner in die Hand. Sei faltenreiches Gesicht spiegelt daraufhin den inneren Kampf zwischen seinem unerschütterlichen Glauben an die Heiligkeit des christlichen Backwerks und dem tiefen Zweifel ob der Reinlichkeit eines gut vierzig Jahre alten Altarvorlegers wider.

07

Bei einem Bäcker in der Fußgängerzone von Duisburg:

»Kann man bei Ihnen mit EC-Karte zahlen?«

»Nee.«

»Schade.«

»Wie viel ham Se denn?«

»In bar?«

»Ja.«

»Fünfzig Cent.«

»Hm.«

»Können Sie mir was empfehlen?«

»Was denn?«

»Was Regionales vielleicht?«

»Einmal Klo.«

08

Gastauftritt im Wildtierpark Dillenburg. In alter Tradition bekommen alle Teilnehmer des hiesigen Kleinkunstfestivals ein goldlackiertes Dammhirschgeweih überreicht. Die mit Abstand befremdlichste Mitmachurkunde, die ich in meinem Leben bekommen habe. Und weiß Gott, ich habe sie alle bekommen. Alle!

An dieser Stelle also, aus aktuellem Anlass, die Top 5 der unwitzigsten Sprüche, die man so zu hören kriegt, wenn man sechs Stunden lang mit einem Hirschgeweih im öffentlichen Nahverkehr unterwegs ist:

Platz 5: »Wohin woll'n wir denn? Elmshorn oder Remagen?«

Platz 4: »Wo iss'n der Rest von Ihrer Freundin?«

Platz 3: »Ach guck, der Herr Hirschhausen!«

Platz 2: »Ist das ein Geweih in Ihrem Schoß oder freuen Sie sich nur, mich zu sehen?«

Platz 1: »Kiek ma, Harry! Keen Veganer!«

09

Mutter versus Autokorrektur. Christmas Edition.

»Christmette?«

»Hallo, Mama, wieso schreibst du mir bei WhatsApp? Ich liege auch auf dem Sofa.«

»Dein Vater möchte nicht gestört werden, wenn er ›Sissi‹ guckt. Also Christmette???«

»Habe ich eine Wahl?«

»Nein.«

»Dann gern. Wann und wo?«

»Mitternacht. Sankt Maria Pina Colada.«

»Bin dabei.«

Mitternachtslesung in Bielefeld. Der Buchhändler macht mir schöne Augen. Er könne mich noch zur Künstlerwohnung bringen, sagt er. Aber gern, sage ich. Gemeinsam gelingt es uns, den dreiminütigen Fußweg auf sechs Stunden, drei Kneipen, zwei Wegbiere, eine Dönerbude am Hauptbahnhof und eine Parkbank mit Hanglage auszuwalzen. Über Ostwestfalen-Lippe geht die Sonne auf. Es könnte ein schöner, stiller Film sein, der hier gerade spielt. Dann fällt uns auf, dass er am gleichen Tag Geburtstag hat wie Adolf Hitler und ich am gleichen Tag wie Benito Mussolini. Wir verabschieden uns mit Handschlag. »Du kennst den Weg?«, fragt er. »Ja, danke!«, sage ich und irre hart besoffen den steinigen Hang hinab in die graue und stinkende Innenstadt.

Biederitz sehen und sterben

Samstag

Sololesung im Moritzhof in Magdeburg. Gegen 23 Uhr Aufbruch vom Veranstaltungsort. Vor mir liegen zwölf Minuten Fußweg zum Bahnhof Magdeburg-Neustadt, in der festen Absicht den vorletzten Regionalexpress nach Berlin zu erwischen. Geplante Abfahrt: 23.28 Uhr. Zeit genug, um sich am Bahnhof noch einen Mitternachtssnack zu gönnen.

23.15 Uhr

Ich bin dreimal am Bahnhofsgebäude vorbeimarschiert, weil ich den unbeleuchteten und verrammelten Backsteinbau für eine Weltkriegsruine gehalten habe. Ich wäre auch ein viertes Mal dran vorbeispaziert, wenn mich nicht ein etwa fünfzehnjähriger Junge mit ortstypischem SS-Haarschnitt mit den freundlichen Worten begrüßt hätte: »Du bist schon richtig, du Spast.« Er hat dann direkt auch versucht, mir noch ein bisschen Heroin zu verkaufen. Nicht ganz der Mitternachtssnack, den ich mir erhofft hatte.

23.20 Uhr

Ich bin nicht restlos davon überzeugt, wirklich an einem Bahnhof zu stehen oder eventuell doch von Hitlerjunge Kevin verarscht worden zu sein. Was die Hoffnung nährt, sind zwei potenzielle Mitfahrer. Linkerhand eine knapp fünfzigjährige Magdeburgerin, die aussieht, als hätte sie schon als Grundschulkind in jedem Poesiealbum bei Hobbys *Bolzenschussgerät* angegeben. Rechterhand jener sagenumwobene nigerianische Geschäftsreisende, für den die Deutsche Bahn auch wochenends um kurz vor Mitternacht alle Anschlussmöglichkeiten in die Finanz- und Kulturmetropolen Lübberstedt, Bibelöd und Kirschmöser in beschämendem Englisch raushaut. Was uns drei eint, ist die Sehnsucht nach Berlin und die stille Befürchtung, von mindestens einem der anderen beiden vergewaltigt zu werden.

23.25 Uhr

Ein erster kurzer Blick auf die Liveanzeige der BahnApp. Angeblich ist der Regionalexpress vor zwei Minuten in Magdeburg Hauptbahnhof abgefahren. Die Ansage am Bahnhof Magdeburg-Neustadt ist anderer Meinung. »Regionalexpress 3137 Richtung Berlin Hauptbahnhof *entfällt.*«

23.26 Uhr

Dem nigerianischen Geschäftsreisenden die Ansage übersetzt. Gemeinsam beschlossen, auf den letzten Regionalexpress um 00.28 Uhr umzusatteln, und die Magdeburgerin mit dem unsichtbaren Bolzenschussgerät nicht mehr aus den Augen zu lassen.

23.28 Uhr

Nach der englischen Übersetzung für Bolzenschussgerät gegoogelt. Gegenfrage von Google: »Meinten Sie Schlachtschussapparat?« *Schlachtschussapparat*. Hätte man eigentlich ahnen können, dass die ach so poetische deutsche Sprache noch ein bisschen mehr zu bieten hat, als das etwas unromantische *Bolzenschussgerät*.

23.31 Uhr

Frau Schlachtschussapparat hat das Gleis gewechselt. Beim Blick auf die BahnApp Ernüchterung: »Regionalexpress 3138. Planmäßige Abfahrt 00.28 Uhr. Halt Magdeburg-Neustadt *entfällt*.«

23.32 Uhr
Der Nigerianer und ich beschließen, es der Magdeburgerin gleichzutun und mit der nächsten S-Bahn Richtung Hauptbahnhof zu fahren.

23.36 Uhr
Aktuelle Ansage am Bahnhof Magdeburg-Neustadt: »Die S1 nach Magdeburg Hauptbahnhof *entfällt*.«

23.38 Uhr
Der nigerianische Geschäftsmann schlägt vor, dass wir uns ein Taxi zum Hauptbahnhof teilen. Das abfällige Lachen der Magdeburgerin schießt wie das Betriebsgeräusch eines Schlachtschussapparats zu uns herüber.

23.40 Uhr
Die Bandansage vom Taxiruf Schielke erläutert die geänderten *Geschäftszeiten* und verweist auf die Wochenendbereitschaft vom Taxiruf Klaffke. Die Bandansage vom Taxiruf Klaffke erläutert die geänderten *Betriebszeiten* und verweist auf die Wochenendbereitschaft vom Taxiruf Schielke.

23.43 Uhr

SS-Kevin zeigt Mitgefühl und bietet an, uns für einen flotten Zwanni pro Nase mit seiner alten Babetta zum Hauptbahnhof zu fahren. Nacheinander. Mir schießt die passende Schlagzeile durch den Kopf: »Doppelmord: Der Babetta-Killer und das Bolzenschussgerät«. Ich lehne stellvertretend ab.

23.44 Uhr

Laut Google Maps sind es nur dreißig Minuten Fußweg bis zum Hauptbahnhof. Der Nigerianer willigt ein. Es sei übrigens angemerkt, dass der Bahnhof Neustadt genau zwei Bewertungen bei Google hat. Beide preisen das Heroin von Kevin.

Mitternacht

Kleiner Zwischenstopp bei einem Imbiss mit dem klingenden Namen Asia Döner Napoli. Der Nigerianer versteht nicht, warum ich das so lustig finde. Ich spendiere ihm eine Nudelbox mit Dönerfleisch und Kräutersoße und ignoriere in aller Höflichkeit, wie er nach den ersten tapferen Bissen alle paar Meter eine Plastikgabelladung auf den Gehweg fallen lässt. Nach ein paar Minuten folgen uns diverse Wildtiere: Ratten, Füchse und ein Waschbär.

00.21 Uhr

Auf Gleis 8 wartet der letzte Regionalexpress Richtung Berlin. Planmäßige Abfahrt in fünf Minuten. Die Bahn-App ist guter Dinge. Im Zug treffen wir unsere alte Freundin vom Bahnhof Neustadt wieder. Der Nigerianer grüßt freundlich, sie lächelt zum ersten Mal seit November 1989.

00.28 Uhr

Der Zug rollt. Erster Halt: Bahnhof Magdeburg-Neustadt. Der Nigerianer lacht entrückt, wie der Bösewicht in einem Sechziger-Jahre-Bond-Film. Draußen auf Gleis 1 steht SS-Kevin und grüßt ironisch. Überlege kurz, aus dem Zug zu sprinten und mir ein bisschen Heroin zu kaufen. Die Überlegung ist auch fünfzehn Minuten später noch aktuell. Denn Magdeburg-Neustadt scheint der letzte Halt dieses Zuges zu sein. Der Nigerianer nimmt es mit Humor. Die Magdeburgerin starrt verstört in die Dunkelheit. Ihr linkes Auge zuckt. Zum Glück hat niemand in diesem Zug ein Bolzenschussgerät zur Hand.

Tatsächlich werden gegen 00.50 Uhr etwa dreißig Reisende aus dem Regionalexpress getrieben. Eine Ansage am Bahnsteig informiert uns darüber, dass ein Schienenersatzverkehr nach Biederitz eingerichtet wurde. Die meisten Anwesenden zücken ihr Smartphone, um Biederitz zu googeln. Nur die Magdeburgerin kennt sich offensichtlich aus und überrascht nicht zuletzt mit dem englischen Terminus für Schienenersatzverkehr.

01.04 Uhr

Allem Anschein nach ist Biederitz eine Ortschaft in Sachsen-Anhalt. Irgendwo auf halber Strecke zwischen Magdeburg und Bundeshauptstadt. Na ja. Genau genommen liegt Biederitz kurz *hinter* Magdeburg. Ein Fünfzehntel auf der Strecke nach Berlin. Wenn der Busfahrer uns garantiert, dass wir in Biederitz in einen Regionalexpress umsteigen können, bin ich gern bereit, dieses Abenteuer einzugehen.

01.15 Uhr

»Ick garantier Ihn' nüscht«, sagt der Busfahrer. Er trägt statt einer Hose das Unterteil eines Flanellpyjamas. Wir ignorieren, dass er den 20-Tonner mit Hausschlappen manövriert. »Komm' Se rinn, bleim Se hia. Meen Name is' Hase. Der Rest is' mia egal.«

01.31 Uhr

In Biederitz hagelt es. Im einzigen Unterstand sitzt eine zwölfköpfige Rentnergruppe aus Tschechien und schaut uns so verdrossen und böswillig an, als hätten wir soeben das Sudetenland überfallen. Die BahnApp verkündet eine »planmäßige Weiterfahrt Richtung Berlin Hbf um 00.59 Uhr.« Das war vor einer halben Stunde.

01.38 Uhr

Auf dem gegenüberliegenden Bahngleis fährt ein Regionalexpress ein. Richtung Magdeburg. Zwei Dutzend Reisende werden widerwillig aus dem Zug getrieben. Lautes Geschrei am Bahnsteig. Ob wegen Hagel oder Biederitz kann nicht abschließend geklärt werden. Zwei Minuten später hat der Zug Richtung Magdeburg seine Anzeige geändert. Neuer Zielbahnhof: Berlin Hbf. Panisch eilen wir durch die Unterführung auf das gegenüberliegende Gleis. Eine Szene wie aus einem Film von Sergej Eisenstein. Irgendwo im Hintergrund theatralische Klaviermusik.

01.58 Uhr

Aus dem stehenden Zug heraus beobachten wir, wie die Reisenden nach Magdeburg seit gut zwanzig Minuten in Wind und Wetter ausharren. Wütende Männer beginnen, den hölzernen Unterstand abzutragen und ein Lagerfeuer zu entfachen.

02.04 Uhr

Hase ex machina. Die Reisenden Richtung Magdeburg besteigen den Schienenersatzverkehr. Sein Name ist Hase. Er weiß von nichts. Wir blicken dem Bus voller Mitgefühl hinterher. »Hodně štěstí!«, flüstert eine tschechische Rentnerin auf dem Sitz gegenüber. Eine einsame Träne rinnt ihr über das von Gefrierbrand überzogene Gesicht.

Der Nigerianer und die Magdeburgerin unterhalten sich angeregt. Über den Dreißigjährigen Krieg, Daniel Kehlmann und den Prager Fenstersturz. Auf Englisch.

02.07 Uhr

Durchsage des Zugführers: »Guten Morgen, liebe Reisende. Ich habe eine gute und eine schlechte Nachricht. Die schlechte zuerst: Dieser Regionalexpress fährt weiter nach Magdeburg.« Fünfzig Prozent der tschechischen Rentner sterben den plötzlichen Hirntod. Im Gang vor uns öffnet sich ein Spalt im Raum-Zeit-Kontinuum. Vor meinem inneren Auge läuft ein ganzes Leben ab. Dummerweise das der Magdeburgerin. Verspüre eine erotische Sehnsucht nach dem Nigerianer oder einem Schlachtschussapparat.

»Jetzt aber die gute: In Magdeburg wenden wir und fahren zurück nach Frankfurt (Oder) über Brandenburg, Potsdam und Berlin.«

Nie in unserem Leben haben wir etwas Schöneres vernommen. Kevins Heroin ist nichts dagegen. Die tschechischen Rentner atmen wieder. Sechs Reisende, allesamt Männer, erleben einen Eisprung. Der Zug setzt sich langsam in Bewegung.

02.11 Uhr

Unser Regionalexpress ist soeben am Schienenersatzverkehr vorbeigerauscht. Unser Regionalexpress Richtung Magdeburg. Am Schienenersatzverkehr Richtung Magdeburg. Mit den Reisenden Richtung Magdeburg. Es gibt keinen Gott.

02.14 Uhr

Kurzer Halt in Magdeburg-Neustadt. Der Nigerianer verabschiedet sich von mir. Er habe es sich anders überlegt. Draußen vor dem Regionalexpress steht die Magdeburgerin und schaut erwartungsfroh wie ein Bolzenschussgerät. Was die Deutsche Bahn zusammengefügt hat, das soll der Mensch nicht trennen.

03.51 Uhr

Berlin Hauptbahnhof. Kurz hinter Brandenburg hat Yvonne aus Wagen 2 einen gesunden Knaben zur Welt gebracht. Wir haben ihn Tyll getauft. Mit einem Erfrischungstuch vom Asia Döner Napoli. Sie fahren weiter nach Frankfurt (Oder). Wie alt wird der Junge sein, wenn sie es geschafft haben?

04.00 Uhr morgens

Bahnhof Friedrichstraße. Der Zugverkehr auf der U6 ist zurzeit unregelmäßig. Ich sehne mich nach meinem Bett. Zur Not tät's auch ein Bolzenschussgerät.

Die Fenster zum Hof

In die kernsanierte Maisonettewohnung im rechten Seitenflügel ist eine neue Mieterin eingezogen. Die junge Frau zahlt pro Monat eine Unze Feingold, drei Liter Blut, ihr Erstgeborenes und 1000 Euro Kaltmiete. Vermutet man. Sonst schert sich keiner von den Altmietern um den hausinternen Neuzugang. Nur Rentnerin Rita Schoblinsky steht in alter Tradition am Fensterbrett verwachsen, studiert das unbekannte Treiben, ruft bei Bedarf nach ihrer Freundin Herta aus dem Quergebäude und heißt die neue Mieterin auf ihre Art willkommen.

Junge Frau	Hallo? Hört mich jemand?
Rita	Herta!
Junge Frau	Halloooo? Entschuldigung bitte! Hört mich jemand?
Rita	Herta!
Junge Frau	Ich weiß ja nicht, wo's herkommt, aber könnten Sie vielleicht die Musik ein kleines bisschen leiser machen?
Rita	Herta! Komm doch ma' ans Fenster!
Herta	Jaja. Wat is'n los?
Rita	Mensch, Herta, hör doch ma'!

Junge Frau — Hallo? Entschuldigung bitte! Könnten Sie die Musik ein kleines bisschen leiser machen!

Rita — Kiek ma', Herta! Die Neue aus'm Zweeten. Isse nich' putzig?

Herta — Wat, welche Neue?

Rita — Na, kiek doch! Froilein! FROILEIN! Mach'n Se dit nochma' für uns?

Junge Frau — Wie bitte?

Rita — Na dit *Hallo Hallo* von eben!

Junge Frau — Bitte?

Herta — Wo komm' Se denn her, junge Frau?

Rita — Aus'm Ausland, wa?

Herta — From die Outland, what?

Junge Frau — Aus Pulheim!

Rita — Na sa' ick doch, Ausland!

Herta — Warum sin' Se denn herjezogen? Wegen die neue Shopping Mall?

Rita — Wat'n für 'ne Shopping Mall?

Herta — Na, Rita, dit neue Schultheiss-Quartier! Anner Schwartzkopffstraße!

Rita — Schwartzkopffstraße? Wat'n für 'ne Schwartzkopffstraße?

Herta — Na, in Mitte!

Rita — Mitte? Bin ick nie jewesen!

Herr Winter — *(Brüllt.)* Das ist der neue BND, und jetzt Ruhe da draußen!

Junge Frau — Wissen Sie vielleicht, wo diese Musik herkommt?

Rita	Dit brauch Se jar nüsch uffregen, dit hamma hia doch öfta.
Herta	So ziemlich jeden Tach. Aber machen Se sich keen Kopp, dit jeht vorbei.
Junge Frau	Ja? Wann denn?
Rita	Na, jetzte nich' *vorbei* im klassischen Sinne.
Herta	Dit blenn' Se eenfach aus irjendwann.
Rita	Wie den Jestank.
Herta	Und die Alkis!
Rita	Und die dreißisch Prozent Türken.
Junge Frau	Wie bitte!?
Rita	Na, vastehn Se mia ma' nich' falsch, junge Frau. Ick hab nüscht jejen die Türken. Wir ham hia sübzisch Prozent Arbeitslose und dreißisch Prozent Türken.
Herta	Dit heißt, dass hunnert Prozent von die Türken Arbeit ham. Ist doch super!
Rita	So wie der Herr Bereket.
Herta	Herr Bereket! Komm' Se mal ans Fensta!
Rita	Kenn' Se schon die Neue aus'm Zweeten.
Herr Bereket	Nee!
Junge Frau	Schlottmann. Freut mich.
Herta	Aus Passau.
Rita	Aus Pullach.
Junge Frau	Aus Pulheim.
Herta	Wegen die neue Mall!
Herr Bereket	Wegen was?

Herta	Na, die neue Shopping Mall!
Rita	Anner Schwartzkopffstraße.
Herr Winter	*(Brüllt.)* Das ist der BND verdammt! Und jetzt RUHE!
Herr Bereket	Kenn'sch nisch.
Herta	Klar kenn' Se den! BEE ENN DEE!
Herr Bereket	Isch kenn' nur THC. Wenn du brauchst, kommsu klingeln. Mach'sch Freundschaftspreis. Ehrenmann. Vastehsu?
Junge Frau	Äh. Ja. Danke.
Herr Bereket	Kleiner Scherz. Sie müssen aufhören, in Vorurteilen zu denken. Wir sind hier doch nicht beim *Focus* oder bei *4 Blocks*.
Rita	Jenau, junget Froilein!
Herr Bereket	Sie könn' aber trotzdem jederzeit vorbeikommen. Ich hab immer was im Haus.
Junge Frau	Danke, das ist sehr nett von Ihnen. Wissen Sie vielleicht, wo diese Musik herkommt?
Herr Bereket	Das ist der Wichser von gegenüber!
Herr Winter	*(Brüllt.)* Ey du Lauch, hast du mich schon wieder Wichser genannt?
Herr Bereket	Herr Winter, Sie wissen doch, dass das keine Beleidigung ist.
Herr Winter	*(Brüllt.)* Wichser ist keine Beleidigung!?
Herr Bereket	Von hier aus betrachtet ist Wichser immer noch eine reine Tatsachenbeschreibung.
Herr Winter	*(Brüllt.)* Geht's noch?!

Junge Frau	Entschuldigung, aber wieso kommt mir diese Unterhaltung so ungemein bekannt vor?
Rita	Herr Bokowski, ham Sie vielleicht Lust, dit uffzuklären?
Junge Frau	Bokowski?
Rita	Herr Bokowski!
Junge Frau	PAUL Bokowski?
Rita	Ick kann doch sehn, dass Se zu Hause sin'.
Junge Frau	DER Paul Bokowski?
Ich	Ich halt mich lieber raus, wenn's recht ist.
Junge Frau	Sind Sie wirklich DER Paul Bokowski?
Ich	Nee!
Rita	Klar isser dit! Vorderhaus. Zweeter Stock.
Ich	Persönlichkeitsrechte, Frau Schoblinsky, Persönlichkeitsrechte.
Rita	Jaja, dit sacht grad der Richtige!
Junge Frau	Wahnsinn!
Herta	Ja, geht so. Passen Se lieba uff, was Se hia so von sich jeben. Wird allet gleich verwurstet.
Herr Winter	*(Brüllt.)* Ich find es immer noch nicht gut, dass ich hier gerade Wichser genannt werde.
Rita	Aber Herr Winter, Se kennen doch dit Spiel.
Herr Bereket	Der Bader im ersten Stock, der badet die ganze Zeit.

Rita	Also Bader.
Herr Bereket	Und der Raucher im Hinterhaus, der raucht die ganze Zeit.
Herta	Also Raucher.
Herr Bereket	Und Sie, mein Lieber, sie wichsen sich halt die ganze Zeit den Biber von der Flinte.
Rita	Vastehn Se?
Junge Frau	Ich glaube, die Herrschaften haben Sie einfach nach Ihrem dominanten Merkmal benannt.
Herr Winter	*(Brüllt.)* Arschlöcher! Alle vier!
Junge Frau	Können Sie die Musik vielleicht trotzdem ein bisschen leiser machen?
Herr Winter	Welche Musik denn?
Junge Frau	Na hör'n Sie doch!
Herr Winter	Ach das! Das blendet man einfach aus irgendwann.
Herta	Dit hab ick ihr och jesacht.
Herr Winter	Versuchen Sie es mal beim Ficker aus dem Vierten.
Rita	Herr Winter, is' dit jetze 'ne Beleidigung oder 'n Merkmal?
Herr Winter	*(Brüllt.)* Hör'n Sie mal, ich komm' gleich rüber und zeig Ihnen, was ein Merkmal ist.
Rita	Lassen Se ma' jut sein, junger Mann. Ick seh von hia drüben schon janz jut, wat für 'n Merkmal Se so zu bieten ham.

Nachbar	*(Brüllt.)* So, da draußen, jetzt man alle schön die Fresse halten! Nicht mal in Ruhe Musik hören kann man hier.
Rita	Ach, Sie sin' dit. Kenn' Se schon dit neue Froilein hia aus Pullach.
Junge Frau	PULHEIM!
Nachbar	*(Brüllt.)* Schnauze hab ich gesagt!
Junge Frau	Ich wollte Sie nur kurz fragen, ob Sie die Musik vielleicht ein bisschen leiser machen könnten.
Nachbar	Ich denke gar nicht dran.
Junge Frau	Ist jetzt ja eh egal.
Herta	Aber Froilein, wieso 'n ditte jetzt?
Junge Frau	Wirkt jetzt gar nicht mehr so schlimm, im häuslichen Vergleich.
Nachbar	Na also!
Rita	Jetzt sein Se nich' so unfreundlich. Dit Froilein ist doch neu hia.
Nachbar	Na, Glückwunsch. Dann darf sie sich was wünschen.
Junge Frau	Ruhe?
Nachbar	Nee! Was Musikalisches!
Junge Frau	Ich wäre einfach dankbar, wenn Sie die Musik ein bisschen leiser machen könnten.
Nachbar	Aber nur, wenn mir einer von euch Knechten sagen kann, was da gerade läuft.
Herr Bereket	Bach, die Triosonate in G-Dur, für Cembalo und Gambe.

Nachbar	Ach, Scheiße!
Herta	Herr Bereket!
Rita	Ick bin beeindruckt.
Herr Bereket	Ach, Frau Schoblinsky, sowas weiß man doch, als echter Türke.
Junge Frau	Ich liebe die Türkei! Wo kommen Sie denn her?
Herr Bereket	Aus Eisenach, Frau Schlottmann, aus Eisenach.

In Erinnerung an Hilde P. und Irmgard G.

Bokowskis und der stille Gast

»Mach mal auf!«, rief eine raue, rasselnde Stimme aus dem ersten Stock. Seitdem Mutter ihren AOK-Gesundheitsgutschein gegen eine Whiskeyverkostung eingetauscht hatte, waren sie und Vater akustisch nicht mehr auseinanderzuhalten.

»Ich bin schon drin!«, brüllte ich zurück und ließ mein Gepäck zu Boden sinken. »Nicht du!«, rief Mutter durch die Schlafzimmertür.

Nicht du. Genau die Worte, die man hören möchte, wenn man an Heiligabend gegen fünf Uhr morgens in einer Art umgekehrter Presswehe einen ICE bestiegen hat, um sechs Stunden lang eingepfercht zwischen zwei ziertannengroßen Rollkoffern durch die Republik zu gurken, weil man sich der Illusion hingegeben hat, die eigenen Erzeuger freuen sich, wenn die verstreute Brut unerwartet über Weihnachten nach Hause kommt.

»Mach mal auf!«, rief eine zweite rasselnde Stimme aus dem Keller.

»Ich bin schon drin!«, brüllte ich zurück.

»Nicht du!«, schrie Vater aus dem Hobbyraum.

»Neeneenee, da is' ja schon 'ne Schlange bis rüber zur Garage«, schallte es ungläubig die Treppe hinunter.

Endlich begriff ich, öffnete die Haustür und blickte in einen Pulk erwartungsvoller Gesichter, die sich in unserer Auffahrt versammelt hatten.

Ganz vorne stand die Tochter von Familie Hoffmeister mit einem bärtigen Hipster im Arm und einer Vierjährigen an der Hand. Dahinter die Witwe Boehringer mit ihren Enkeln, rothaarigen Zwillingen, die – traurig aber wahr – Fred und George hießen. Ganz vorne die neue Nachbarin von gegenüber, *neu* deshalb, weil sie erst vor sechzehn Jahren in die kleine Reihenhaussiedlung gezogen war. Im Schlepptau das Enkelkind Trojana, Vater vermutlich Informatiker. Vier weitere Kinder waren ganz allein gekommen.

Ratlos starrte ich der Schar entgegen. So lange, bis die Tochter von Hoffmeisters ihrer Vierjährigen einen kleinen Schubser gab.

»Können wir den Krapfen sehen?«, fragte das folgsame Kind.

»Schuhe aus!«, brüllte Mutter aus dem Treppenhaus. »Und alle nacheinander.«

Mutter führte das erste Grüppchen in den ersten Stock. Die Vierjährige schrie vor Begeisterung, als sie ins Badezimmer kamen. Langsam ließ sie ihre Hand ins Badewasser gleiten, bis ein stolzes schuppiges Ungetüm ihre Finger streifte und sie sich vor Freude und Ekel quiekend an die Brust der Mutter flüchtete.

»Krapfen!«, rief das Kind. Unbeeindruckt zog das graue Tier große Achten in der Wanne.

Auf halber Treppe standen die rothaarigen Zwillinge und versuchten, einen Blick auf das wunderliche Geschöpf zu erhaschen.

»Warum nehmt ihr keinen Eintritt?«, raunte ich meiner Mutter zu. »Zwölf Kinder, fünf Euro. Das ist eine halbe Whiskeyverkostung!«

»Immer denkst du nur ans Geld!«, sagte sie entrüstet. »Woher hast du das nur?«

Vater zwängte sich ins Bad. »Warum nehmen wir keinen Eintritt?«, flüsterte er.

»Warum sollten wir Eintritt nehmen?«, zischte Mutter. »Es ist Weihnachten, und die Kinder freuen sich!«

Man muss schon aus einer polnischen Familie stammen, um beim Anblick dieses vorweihnachtlichen Haustiers keine Begeisterung zu empfinden. Bei uns gab es zu Heiligabend immer Karpfen. Das war eine der wenigen Traditionen, die unsere Familie aus der alten Heimat mitgebracht hatte. Neben einer Neigung zu fettiger Mischhaut, weiblichem Bartwuchs und einem Hang zu Hochprozentigem.

Eine Woche vor Weihnachten wurde der Karpfen aus dem nächsten Teich oder einem Schauaquarium bei Wertkauf geangelt und in die heimische Badewanne umgesiedelt. Im klaren Wasser sollte der bodennahe Fisch seinen schlammigen Geschmack verlieren.

Schon in meiner Kindheit bevölkerten an den Tagen vor Weihnachten neugierige deutsche Nachbarskinder unser Badezimmer, allesamt anständige Vorstadtsprösslinge, die noch nie einen lebenden Fisch gesehen, geschweige denn gestreichelt hatten.

Auch Trojana gluckste ausgelassen, als sie den Karpfen kreisen sah, während Vater selbstgedrehte Brotkügelchen an die Wartenden verteilte.

»Sind das Globuli?«, fragte eines der unbegleiteten Kinder. Vater verstand nicht.

»Nein! Brot!«, rief ich aus dem Badezimmer.

»Ist das glutenfrei?«, schallte es zurück. Vater schaute ratlos wie ein alter Karpfen.

»Nein!«, rief ich aus dem Badezimmer.

Gierig schob sich der Junge die Kugeln in den Mund.

»Die sind für den Fisch!«, rief Vater.

Ach, gönn dir, Junge, gönn dir!, dachte ich.

»Freut ihr euch eigentlich?«, warf ich in die kleine Runde, als Mutter eine gute Stunde später die letzten Kinder aus der Tür bugsiert hatte.

»Klar«, sagte sie.

»Worüber?«, rief Vater aus dem Wohnzimmer. Er warf ein riesengroßes Stück Abdeckfolie über Couchtisch, Sofagarnitur und den weihnachtlich geschmückten Ficus Benjamini.

»Nicht im Wohnzimmer!«, brüllte Mutter.

»Dass euer eigen Fleisch und Blut völlig überraschend und gegen alle inneren und äußeren Widerstände zu Weihnachten nach Hause gekommen ist?«

»Wir wussten doch, dass du kommst«, rief Vater und schwang die Abdeckfolie über Esstisch und Adventskranz.

»Nicht in der Essecke!«, brüllte Mutter.

»Woher?«, fragte ich erstaunt.

Sie hielt mir eine bunte Weihnachtskarte unter die Nase. »Niespodzianka!« stand darauf.

»Lag heute Morgen vor der Haustür«, sagte sie. »Samt Kühlbox!«

»Und Karpfen«, rief Vater aus der offenen Terrassentür. Er zog die Abdeckfolie hinter sich ins Freie.

»Nicht auf der Terrasse!«, brüllte Mutter.

Es sei an dieser Stelle erwähnt, dass das Polnische eine sehr blumige Sprache ist. Einfache Begriffe wie *Niespodzianka* können dutzende Bedeutungen haben. Wie zum Beispiel: *Hallo, Sie kennen mich zwar nicht, aber ich war so frei, Ihnen im Schutz der Dunkelheit einen alten Karpfen auf die Türschwelle zu legen. Nebenbei bemerkt in einer Kühlbox, in der ich bis vor Kurzem noch meine Fußnägel der letzten 45 Jahre gesammelt habe. Außerdem könnte es sein, dass ich sexuell gesehen etwas Schindluder mit diesem Karpfen getrieben habe. Wohlbemerkt: etwas & könnte. Aber gehen Sie ruhig auf Nummer sicher. Wässern Sie ihn einfach ausgiebig, bevor Sie ihn verköstigen. Frohe Weihnachten.* – Die deutsche Sprache mit ihrem doch sehr funktionalen Wort *Überraschung* wird der polnischen Entsprechung an dieser Stelle einfach nicht gerecht.

Es dauerte ein Weilchen, bis ich meine Eltern davon überzeugt hatte, dass es keinesfalls der einzige Vegetarier der Familie gewesen war, der seinen Eltern einen lebenden Karpfen auf die Türschwelle hatte legen lassen.

»Aber die Karte?«, insistierte Mutter.

»Das könnte jeder gewesen sein«, rief Vater aus dem Keller.

»Ja«, sagte ich. »Jeder über neunzig mit altdeutscher Handschrift und einem ausgeprägten Tremor!«

»Tumor!?«, rief Mutter erschrocken und schnappte nach der Karte.

»Tremor!«, wiederholte ich. »Das sieht doch aus, als hätte es der Karpfen selbst geschrieben.«

»Neeneenee, den ess ich nicht«, rief Mutter.

»Klar essen wir den!«, rief Vater.

»Nee«, rief Mutter in das schmale Treppenhaus. »Wir machen heut Raclette!«

»Zu spät«, rief Vater. »Ich hab schon alles vorbereitet.«

In erstaunlicher Geschwindigkeit hatte Vater den kompletten Hobbyraum mit Abdeckfolie versiegelt: die Fotowand, die Gartenmöbel, die kleine Bar, die Bügelecke und die Sitzgarnitur.

In der Mitte des Raumes hatte er diverse Schlacht- und Ausweideinstrumente bereitgelegt.

»Der Knüppel gehört mir«, sagte Mutter stolz. Was die Situation nicht weniger befremdlich machte.

Ich ließ meinen Blick durch den abgeklebten Raum gleiten. »Ist das nicht ein bisschen übertrieben?«, sagte ich und deutete auf die abgehängte Deckenlampe.

»Soll halt alles sauber bleiben«, verteidigte sich Vater.

»Gehst du davon aus, dass der Karpfen diesen Kampf gewinnt?«, fragte ich.

»Es gibt Raclette!«, insistierte Mutter.

Die Herkunft des Karpfens ließ Mutter keine Ruhe. Am frühen Nachmittag beschloss sie, das Rätsel zu lösen, indem sie es in der Familiengruppe bei WhatsApp zur Diskussion stellte.

Meine Schwester reagierte umgehend: »Frohe Weihnachten aus Kapstadt!« Dicht gefolgt von »Hannah Bokowski hat die Gruppe *187 Familienbande*« verlassen.

Drei Minuten später meldete sich der väterliche Zweig zu Wort: »Wer ist denn Karsten?«, fragte Tante Magdalena in die Runde. Vater konterte, in dem er ein semierotisches Foto von sich und dem Karpfen postete. Oma Agnieszka reagierte mit einem Fisch-Emoticon und dem Hashtag *#kussmund*.

»Bei uns gibt es Bockwürstchen«, schrieb das Patenkind aus Siegen, woraufhin gute vierzig Minuten lang überbelichtete Aufnahmen von Brühwürsten und Kartoffelsalat die Runde machten. Gefolgt vom obligatorischen Weihnachtsbaumvergleich.

Erst gegen 14 Uhr griff Onkel Michał aus Fulda den ursprünglichen Gesprächsfaden wieder auf. »Vielleicht kommt der Karpfen von Großtante Patrycja?«, mutmaßte er.

»Urgroßtante Patrycja«, antwortete ich.

»Ururgroßtante Patrycja«, schrieb das Patenkind.

»Die ist doch tot!«, konterte Tante Magdalena.

»Nicht *unsere* Patrycja!«, hielt Vater dagegen.

»Is' doch egal«, schrieb Mutter. »Sind beide tot.«

Oma Agnieszka sorgte für das passende Totenkopf-Emoticon.

Es entbrannte eine hitzige Diskussion darüber, ob Großtante Patrycja noch am Leben oder bereits in heimischer Erde begraben war. Mutter war sich verhältnismäßig sicher, noch an Weihnachten 2012 mit einer sehr alten Frau aus der Nähe von Krakau telefoniert zu haben. Vater dagegen war der unerschütterlichen Überzeugung, man habe schon im Mai 2008 eine Beileidsbekundung und fünfzig Euro nach Starachowice an die ukrainische Grenze geschickt. Zwar hätten meine Eltern nie eine angemessene Eingangsbestätigung, geschweige denn das Foto eines frischen Grabes bekommen, was aber noch lange nicht belege, dass Großtante Patrycja noch immer unter den Lebenden weilte.

Das Patenkind erstellte eine Umfrage in der Familiengruppe. Eine erste Befragung aller Anwesenden ergab fünf Stimmen für Krakau, neun für Starachowice, aber elf Stimmen für 2008 und nur drei Stimmen für »Lebt wahrscheinlich noch«.

Einzig Onkel Michał war sich sicher, Urgroßtante Patrycja erfreue sich bester Gesundheit, lebe in einem betreuten Wohnprojekt in der Nähe von Stettin und schicke ihm jedes Jahr zu Weihnachten ein selbstgestricktes Paar Socken. Die Mehrheit verlangte einen Bildbeweis. Onkel Michał – etwas ungeübt – schickte drei

Fotos seines Laminatfußbodens und ein unvorteilhaftes Selfie, bevor er kommentarlos aufgab.

»Bei uns gibt es auch Karpfen!«, brachte sich nach einer guten Stunde Cousine Justyna in die Unterhaltung ein.

»Bei uns gibt es Raclette!«, schrieb Mutter.

Vater konterte mit einem Knüppelbild.

»RACLETTE!!!«, brüllte Mutter durch das Haus.

Gegen 16 Uhr wurde es still in der WhatsApp-Gruppe. Allgemeiner Aufbruch zum Familiengottesdienst.

»Wollen wir?«, rief Mutter durch das Treppenhaus.

»Hab ich eine Wahl?«, brüllte ich aus dem Badezimmer und ließ ein letztes Brotkügelchen in die Badewanne plumpsen.

»Ja«, rief Mutter. »Krippenspiel oder Christmette?«

»Krippenspiel!«, rief ich. »Aber Spoiler: Der Zimmermann ist nicht der Vater!«

»Ich bleibe hier und warte auf das Christkind«, brüllte Vater aus dem Hobbyraum.

»Dann kommt der Karpfen aber mit!«, rief Mutter.

»Ich hätte mich an deiner Stelle für die Christmette entschieden«, schrieb Vater über WhatsApp, »und deine Mutter einfach abgefüllt, bis sie nicht mehr stehen kann«.

»DAS IST NOCH IMMER DIE FAMILIENGRUPPE!«, brüllte Mutter aus der Küche.

Es folgten 78 Smileys und ein Sockenfoto.

Auf dem Weg zum Gottesdienst hielt Mutter mir vom Rücksitz einen kleinen Zettel nach vorn.

»Das ist die Nummer von Großonkel Marek«, sagte sie.

»Soso«, sagte ich.

»Ruf da mal an!«, forderte sie mich auf.

»Wer ist Großonkel Marek?«

»Den kennst du doch!«, rief sie entrüstet von der Rückbank.

»Neenee!«, stöhnte Vater auf, als direkt vor uns ein Polo in eine Parknische schlüpfte.

»Klar kennt er den!«, verteidigte sich Mutter.

»Nee, Mama! Ich kenne keinen Großonkel Marek«, beharrte ich.

»Klar kennst du den! Der Alte aus Polen!«

»Ach, der Alte aus Polen!« Meine Stimme überschlug sich. »Alt und aus Polen! Ganz anders als alle anderen Verwandten!«

»Siehst du!«, rief Mutter selbstgefällig.

»Ironie, Mutter, Ironie!«

»Ich schwöre dir, du kennst den!«, insistierte sie.

»Wieso denn überhaupt?«, zischte ich.

»Großonkel Marek ist der Cousin von Großtante Patrycja.«

»Geht das überhaupt?«, fragte Vater dazwischen.

»Wenn einer weiß, ob Großtante Patrycja noch lebt, dann er.«

»Das ist noch nicht mal eine deutsche Nummer!«, rief ich in den Rückspiegel.

»Na und?«, sagte Mutter und hebelte die Seitentür auf.

»Ich kann kein Polnisch.«

»Der ist so alt, der kann noch Deutsch!«, sagte sie und

sprang aus dem Wagen, um Vater in die schmalste Parklücke der nördlichen Hemisphäre einzuweisen.

»Das ist eine Einfahrt!«, erwähnte ich.

»Der Knüppel deiner Mutter liegt im Kofferraum«, zischte Vater.

Während Vater sich die Hände blutig kurbelte, um nach Din-Norm-0815-Wutbürger in der Parklücke zum Stehen zu kommen, versuchte ich mein Glück am Telefon: »Hallo? Onkel Marek? – Hier ist Paul. – PAUL! – Der Sohn von Ewa. – Von Ewelina. – Nein, der Sohn! – EWELINA, die Tochter von Jozefina. – Nein, der Sohn. – Paul! – Von Ewa. – Von Jozefina! – JOZEFINA! – Deiner Schwester! – Ja. – Gut, danke. – Nein. – Nein, nein. – Schon lange nicht mehr. – Nein. Nicht zu Ende. – Nein. Nur vier Semester. – PAUL! – Onkel Marek, ich hab nur eine Frage. – Nein, VIER Semester nur. – Nicht zu Ende. – Welcher Onkel Tomasz? – Onkel Marek, ich hab nur eine Frage. – EINE FRAGE! – Die Großtante Patrycja. – Deine Cousine! – Ja! – PATRYCJA! – Lebt die noch? – OB DIE NOCH LEBT! – Sicher? – Ganz sicher? – Ja, haben wir auch. – Fünfzig Euro. – NEIN! – Wir haben auch kein Foto bekommen.«

Das Telefonat blieb ohne klärendes Ergebnis, so dass Mutter grübelnd auf der Kirchenbank kauerte. Sie hatte sich das Faltblatt mit den Liedtexten auf den Schoß gelegt und malte einen Stammbaum. Ein verworrenes Geflecht, das an mindestens zwei Stellen eine Inzestvermutung nahelegte. Vater wischte gelangweilt auf seinem Smartphone herum, mit verliebtem Blick durch eine Galerie selbst gemachter Karpfenfotos.

»Das geht gar nicht«, murmelte Mutter, als wir uns zur Kommunion erhoben.

»Was geht nicht?«, fragte ich.

»Dass die noch lebt«, flüsterte Mutter.

»Was geht nicht?«, fragte Vater von hinten.

»Dass die noch lebt«, zischte Mutter.

»Wer?«, wollte Vater wissen. Eine alte Dame vor uns räusperte sich.

»TAN-TE PA-TRY-CJA«, formte ich stumm.

»KAR-PFEN«, formte Vater

»RACLETTE«, zischte Mutter viel zu laut. Eine ganze Kirchenbank schaute zu uns herüber.

Der Tross zur Kommunion kam ungewöhnlich schleppend voran. Immer wieder blickte Vater nervös auf seine Uhr.

»Das ist die Familie mit dem Karpfen in der Badewanne«, hörten wir rechts ein Mütterchen flüstern. Vater nickte stolz, bis Mutter ihm den Ellenbogen in die Seite trieb.

Zu Hause hatte der Karpfen Schlagseite bekommen. Bei unserer Rückkehr fanden wir das arme Tier träge in der flachen Pfütze treibend. Vater blickte schuldbewusst und ließ kühles Wasser in die Wanne sprudeln. »Also?«, rief Mutter aus dem Wohnzimmer. »Käse oder Karpfen?«

»RACLETTE!«, brüllte Vater aus dem Badezimmer. Seine Stimme überschlug sich.

Ein gutes Stündchen verging, während Mutter und ich die Weihnachtstafel festlich eindeckten. Noch immer lag das Tier schräg und müde in der Wanne. Vater wich nicht von seiner Seite. Vier Mal musste Mutter ihn zum Essen rufen, bis er sich vom Badewannenrand fortlocken ließ, nur um anschließend sehr missmutig in seinem Raclettepfännchen herumzustochern. Mutter rollte mit den Augen.

Als Vater sich für kleine Tiger verabschiedete, dann aber zehn Minuten lang im ersten Stock verschollen blieb, platzte seiner Frau der Kragen. Wütend stampfte Mutter in den ersten Stock. Drohend schwere Schritte. Matriachale Urgewalt. Doch zu meiner Überraschung führten ihre Schritte am Karpfenhort vorbei. Schnaufend schob sie die Tür zum alten Speicher auf. Einen kurzen Augenblick war es seltsam still. Dann segelte irgendetwas mit hohlem Donner die Treppe hinab. Mutters Schritte folgten. Eine riesengroße Plastikwanne, die am Rand der weihnachtlichen Tafel zum Erliegen kam.

»LOS!«, befahl Mutter im Offizierston. Ich folgte in die Küche. Sie drückte mir einen Topf in die Hand. Ich verstand nicht. Sie füllte einen zweiten bis zum Rand mit Wasser und balancierte ihn zum Tisch, wo sie das kalte Nass in die Wanne goss. Jetzt wurde mir die Absicht klar. Wie Schuppen von den Augen.

Nach dem vierten oder fünften Gang war die Wanne gut gefüllt. Vater stand auf halber Treppe. Seine Augen glänzten glasig.

»Bring deine neue Liebschaft zu Tisch!«, rief Mutter.

Vater hechtete ins Bad, kehrte schnellen Schrittes wieder und ließ den schnappenden Karpfen in die Plastikwanne gleiten.

»Jetzt«, sagte ich, »werden wir gemütlich.«

Was folgte, war ein kleines Weihnachtswunder. Drei gute Pfännchen später schwamm der Karpfen wieder aufrecht. Vater warf ihm Brot ins Wasser und der Fisch begann damit, seine gewohnten Achten zu ziehen. Er schreckte nicht mal auf, als es plötzlich, kurz vor dem letzten Pfännchen, gegen die Haustür donnerte. »Lass«, sagte ich, denn Mutter hatte längst genug erlebt für einen Tag. »Ich geh schon.«

Im schwachen Glanz der Lichterkette stand ein breites Männchen.

»Guten Abend«, sagte der Mann mit schlesischem Einschlag. Er trug ein seltsames Gewand, eine Mischung aus DHL-Bote und Metzgergeselle. Hinter ihm, in der Dunkelheit, stand ein weißer Kastenwagen.

»Sprechen Sie Polnisch?«, fragte er.

»Leider nein«, antwortete ich.

»Ich habe bisschen komische Frage«, fuhr er fort und zog nervös an einem Glimmstängel. Seine Hände waren klein und grobschlächtig. »Habe ich heute früh einen Karpfen zugestellt? Bei Ihnen? Aus Polen?«

Irgendwo hinter mir fiel dumpf ein Champignon zu Boden und kullerte eiernd durch den Flur.

»Bei uns?«, fragte ich.

»Ja, hier«, sagte der Mann unsicher, biss mit seinen Zähnen ein kleines Stückchen Nagelhaut von seinem Finger und zog ein zweites Mal an seiner Zigarette.

»Ähm, wir essen keinen Fisch zu Heiligabend«, sagte ich und hielt, wie zum Beweis, das Pfännchen in die Höhe.

»Ach so?«, fragte der Mann und blickte mir skeptisch ins Gesicht. »Sie keine Polen?«

»Doch«, sagte ich. »Aber komische Polen.«

»RACLETTE!«, riefen Mutter und Vater wie aus einer Kehle aus der Essecke.

»Tut mir leid«, schob ich hinterher und hielt das Pfännchen noch ein bisschen höher in die Luft.

»Aha«, sagte der Mann zögerlich. »Dann Entschuldigung Störung.«

»Kein Problem«, sagte ich.

»Und Wesołych Świąt!«, schob das Männchen ungläubig hinterher.

»WESOŁYCH ŚWIĄT!«, brüllten Mutter und Vater aus der Essecke.

»Ihnen auch!«, interpretierte ich und ließ die Tür ins Schloss gleiten.

Wir horchten leise in die Nacht hinaus, so lange bis die Tür des Kastenwagens zufiel, der Motor aufbrummte und das schwere Ding auf dem frischen Schnee davonrollte. Vater und Mutter strahlten wie zwei Christbäume.

»Glück gehabt«, flüsterte Mutter in die Wanne hinab.

»Aber morgen bist du fällig«, sagte ich. Vater schaute böse zu mir auf.

»Wo ist eigentlich mein Knüppel?«, fragte Mutter scherzhaft in die Runde. Dann küsste sie Vater auf den Mund.

»Ach!«, sagte ich versöhnlich. »Wie zwei alte Karpfen.«

Mein größter Dank für

Bier & Beistand: *Daniel Mursa*

Den richtigen Riecher: *Volker Surmann*

Druck & Antrieb: der Lesebühne *Fuchs & Söhne*

Ihr Feedback: *Trine, Bernard, Franka, Fralte & Panina*

Ihre fortwährende Freundschaft: *Katharina, Philipp & Andy*

Von Herzen

Paul

»Hidden Track«

Ach, Berlin

Ach, Berlin, du krumme Pflanze,
Plötzlich heißt du Metropole.
Massen bitten dich zum Tanze,
Wollen Mate, keene Bowle.
Keene Stullen mehr, keen Grünkohl.
Nur noch Künstler, Kreative.
Dich macht neue Liebe skeptisch,
Ganz besonders die naive.
Tindertolle Zwirbelbärte,
In den Haaren dick Pomade,
Doch die Bürgschaft ihrer Eltern,
Finanziert dir die Fassade.

Viele sind dir schon verfallen:
Hitler, Kohl, halb Bielefeld!
Loreley ein Witz dagegen,
Liebe ist ein weites Feld.
»Dein Gesicht hat Sommersprossen«,
Wusste Hilde zu berichten.
Altersflecken aber, sag ich,
Liefern bessere Geschichten.
Du bist längst 'ne alte Dame:

Wasserbeine, Flaumkoteletten.
Doch für mich, das sag ich gerne,
Bist du die MILF unter den Städten!

Was das Urvolk und die Touris
Gleichermaßen an dir lieben,
Ist dein Hang zur Trödelei.
»Chillig« wär noch untertrieben.
Du machst alles sehr gemächlich,
Selbst dem Scheitern lässt du Zeit.
Sei's der neue Stadtflughafen
Oder ein Theaterstreit.
Du hast alles ausgesessen:
König, Kaiser, Hunger, Durst,
Schwaben oder Schwabenwitze
Und vegane Currywurst.

Komm, ich schick die ganzen Spanier,
Die uns nach dem *Berghain* fragen,
Mit der U-Bahn Richtung Spandau:
»Yes yes! Fahrrad? Erster Wagen!«
Bald schon werden Neue kommen,
Koffer hatten hier schon viele.
Doch die meisten steh'n im Keller
Und nur kurz in deiner Diele.
Aus der Kammer hol' ich Schultheiss,
Aus der Schrankwand Aquavit.
Und dann werden wir gemütlich,
Bis der Hype nach Leipzig zieht.